本书列入

2017年国家社会科学基金重大委托项目
"十三五"国家重点图书出版规划项目

中华传统文化百部经典

# 周易略例

王弼 著

王锦民 解读

国家图书馆出版社

**图书在版编目（CIP）数据**

周易略例 ／（三国魏）王弼著；王锦民解读 . — 北
京：国家图书馆出版社，2022.12
（中华传统文化百部经典）
ISBN 978-7-5013-7625-4

Ⅰ . ①周… Ⅱ . ①王… ②王… Ⅲ . ①《周易》－研
究 Ⅳ . ① B221.5

中国版本图书馆 CIP 数据核字 (2022) 第 218199 号

国家图书馆出版社官方微信

| | |
|---|---|
| 书　　名 | 周易略例 |
| 著　　者 | （三国魏）王弼 著　王锦民 解读 |
| 责任编辑 | 于　浩 |
| 特约编辑 | 耿素丽 |
| 封面设计 | 敬人设计工作室 |

| | |
|---|---|
| 出版发行 | 国家图书馆出版社（北京市西城区文津街 7 号　　100034）<br>010－66114536　63802249　nlcpress@nlc.cn（邮购） |
| 网　　址 | http://www.nlcpress.com |
| 印　　装 | 北京科信印刷有限公司 |
| 版次印次 | 2022 年 12 月第 1 版　2022 年 12 月第 1 次印刷 |

| | |
|---|---|
| 开　　本 | 710×1000　1/16 |
| 印　　张 | 8 |
| 字　　数 | 100 千字 |
| 书　　号 | ISBN 978-7-5013-7625-4 |
| 定　　价 | 26.00 元（精装） |

**本册审订**

王葆玹　　洪修平　　章启群

**中华传统文化百部经典**
**编纂办公室**

张　洁　　梁葆莉　　徐　慧　　张毕晓　　马　超　　华鑫文

# 编纂缘起

　　文化是民族的血脉，是人民的精神家园。党的十八大以来，围绕传承发展中华优秀传统文化，习近平总书记发表了一系列重要讲话，深刻揭示出中华优秀传统文化的地位和作用，梳理概括了中华优秀传统文化的历史源流、思想精神和鲜明特质，集中阐明了我们党对待传统文化的立场态度，这是中华民族继往开来、实现伟大复兴的重要文化方略。2017年初，中共中央办公厅、国务院办公厅印发《关于实施中华优秀传统文化传承发展工程的意见》，从国家战略层面对中华优秀传统文化传承发展工作作出部署。

　　我国古代留下浩如烟海的典籍，其中的精华是培育民族精神和时代精神的文化基础。激活经典，熔古铸今，是增强文化自觉和文化自信的重要途径。多年来，学术界潜心研究，钩沉发覆、辨伪存真、提炼精华，做了许多有益工作。编纂《中华传统文化百部经典》（简称《百部经典》），就是在汲取已有成果基础上，力求编出一套兼具思想性、学术性和大众性的读本，使之成为广泛认同、传之久远的范本。《百部经典》所选图书上起先秦，下至辛亥革命，包括哲学、文学、历史、艺术、科技等领域的重要典籍。萃取其精华，加以解读，旨在搭建传统典籍与大众之间的桥梁，激活中华优秀传统文化，用优秀传统文化滋养当代中国人的精神世界，提振当代中国人的文化自信。

这套书采取导读、原典、注释、点评相结合的编纂体例，寻求优秀传统文化与社会主义核心价值观之间的深度契合点；以当代眼光审视和解读古代典籍，启发读者从中汲取古人的智慧和历史的经验，借以育人、资政，更好地为今人所取、为今人所用；力求深入浅出、明白晓畅地介绍古代经典，让优秀传统文化贴近现实生活，融入课堂教育，走进人们心中，最大限度地发挥以文化人的作用。

《百部经典》的编纂是一项重大文化工程。在中宣部等部门的指导和大力支持下，国家图书馆做了大量组织工作，得到学术界的积极响应和参与。由专家组成的编纂委员会，职责是作出总体规划，选定书目，制订体例，掌握进度；并延请德高望重的大家耆宿担当顾问，聘请对各书有深入研究的学者承担注释和解读，邀请相关领域的知名专家负责审订。先后约有 500 位专家参与工作。在此，向他们表示由衷的谢意。

书中疏漏不当之处，诚请读者批评指正。

2017 年 9 月 21 日

# 凡　例

一、《中华传统文化百部经典》的选书范围，上起先秦，下迄辛亥革命。选择在哲学、文学、历史、艺术、科技等各个领域具有重大思想价值、社会价值、历史价值和学术价值的一百部经典著作。

二、对于入选典籍，视具体情况确定节选或全录，并慎重选择底本。

三、对每部典籍，均设"导读""注释""点评"三个栏目加以诠释。导读居一书之首，主要介绍作者生平、成书过程、主要内容、历史地位、时代价值等，行文力求准确平实。注释部分解释字词、注明难字读音，串讲句子大意，务求简明扼要。点评包括篇末评和旁批两种形式。篇末评撮述原典要旨，标以"点评"，旁批萃取思想精华，印于书页一侧，力求要言不烦，雅俗共赏。

四、原文中的古今字、假借字一般不做改动，唯对异体字根据现行标准做适当转换。

五、每书附入相关善本书影，以期展现典籍的历史形态。

周易略例一卷　（三国魏）王弼撰　（唐）邢璹注

# 周易略例并序

唐四門助教邢
璹注

原夫兩儀未位神用藏於視聽一氣化矣至賾隱乎名言於是
河龍貞圖犧皇畫卦仰觀俯察遠物近身八象窮天地之情六
位備剛柔之體言大道之妙有一陰一陽論聖人之範圍顯仁
藏用寔三元之胎祖鼓舞財成為萬有之著龜知來就往是以
孔立三絕未臻樞奧劉安九師尚迷宗旨具舞象之年亂筮鱬
序漁獵墳典偏旨周易研窮耽玩無舍寸陰具知卦之紀綱周
文王之言各矣象之吉凶孔仲尼之論備矣至如王輔嗣略例
大則總一部之指歸小則明六爻之得失承乘逆順之理應變
情偽之端用有行藏辭有險易觀之者可以經緯天地探測鬼
神匡濟邦家推辟咎悔雖人非上聖亦近代一賢臣謹依其文

宋刻本　国家图书馆藏

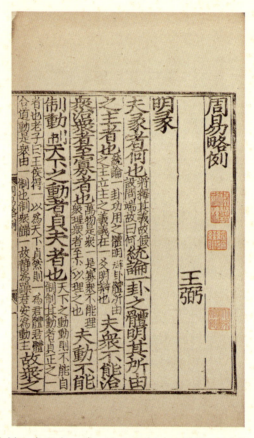

周易略例一卷释文一卷　（三国魏）王弼撰　（唐）邢璹注
明永乐二年（1404）刻本　国家图书馆藏

# 目　录

# 导　读

　　呈现在读者面前的这本小书，是对王弼《周易略例》的解读。

　　《周易略例》何以堪称经典？我们先从经学，特别是《易》学的角度来看。学习中国传统文化，必须首先认识其基础世界观，而这一基础世界观主要包含在《周易》当中。《周易》经过历代的阐释，已经构成一个相对独立的《易》学史，王弼和他的《周易注》《周易略例》构成了《易》学史不可或缺的重要环节。自唐代《五经正义》到宋代《十三经注疏》，群经之首《周易》采用的正是王弼的《周易注》。所以，要全面了解"正经正注"的经学系统，必须阅读干弼的《周易注》，而要读懂《周易注》，又必须先搞懂这部概括其解经原则的《周易略例》。

　　再从中国哲学，特别是魏晋玄学的角度来看。王弼以其《老子注》《老子指略》（又名《老子指略例》）与《周易注》《周易略例》——"二注"与"二例"——为魏晋玄学奠定了理论基础。俟后向秀、郭象的《庄子注》问世，则《老》《庄》《易》"三玄"的学术格局遂告完成。魏晋玄学无疑是一场极具创造性的哲学革命，冯友兰先生在《中国哲学史新编》中指出："在中国哲学史中，魏晋玄学是中华民族抽象思维的空前的发展。"①

## 一、王弼的生平与著作

王弼（226—249），字辅嗣，魏山阳高平（今河南焦作）人。有关王弼生平的历史记载不是很多，最完整的传记是西晋何劭的《王弼传》，南朝宋裴松之注《三国志·魏书·钟会传》时引录了这篇传。南朝梁刘孝标注《世说新语》时还引证过一篇《王弼别传》。此外的记载则散见于《世说新语·文学篇》以及各种史传、注引材料。

王弼出身汉世望族，其先祖位列三公。祖父王凯为荆州牧刘表之婿，父王业又过继给叔祖王粲为子。王粲为当时名士，"建安七子"之一。因出自名门加天资聪颖，王弼弱冠时即能与当时的贵胄名士交游，但在仕途上一直不顺利。王弼似乎更愿意与人论道清谈，可以考见的事迹主要有魏正始初年王弼与裴徽、何晏、刘陶、钟会、荀融等人讲论，其中王弼与何晏的清谈，尤其为后世史家所看重。何、王并称，以之为魏晋清谈发端的标志。

魏晋清谈和魏晋玄学，是不易区分的两个历史称谓。当我们说"清谈"的时候，以之为典范的是正始清谈，史称"正始之音"或"正始之风"。学者范寿康曾经指出，通常认为清谈开端于正始年间何晏、王弼二人的谈论，其实当以太和初年傅嘏与荀粲的会谈为其嚆矢②。何劭作的《荀粲传》中记载："太和初，到京邑与傅嘏谈。嘏善名理而粲尚玄远，宗致虽同，仓卒时或有格而不相得意。裴徽通彼我之怀，为二家骑驿。顷之，粲与嘏善。"③荀粲也是出身名门、恃才傲物的少年名士，仅活到二十九岁。从那时起，清谈中就有了校练名理与谈尚玄远两条路线。到了王弼时，钟会以校练为家，王弼则有玄远高识。

清谈所谈的内容，亦被称为玄理。玄理都是一个个论辩题目，其所依据的学术，遂被称为玄学。玄理多与《周易》《老子》《庄子》有关，这三者因此而称"三玄"。关于"三玄"的学术，称作"玄学"。玄学谈论谓之"玄言"，著述谓之"玄部"，并且在南朝宋时列入学校，经学、玄学、史学、文学并立为四门学。

清谈和玄学有不一样的表现形式。清谈是在一种特定的社交场合进行的。它是清谈者口头的辩论，有某种仪式，比如分宾主，有往来问答的对话环节，还有音辞清辩、姿容优美之类的表演成分，事后或许会以"论"这一文体记录下来。而玄学主要是沿着学术的传统，以对于"三玄"的经典解释为主，也包括从"三玄"中引申出的"论"。玄学更具学术的独立性。因为《易》《老》《庄》都是完整的著作，且在传统上已经形成专门之学，可以作为凭藉而做系统的解释，因此玄学得以建构其理论体系。"三玄"的经典注释都出自魏晋，其中两部出自王弼——《周易注》与《老子注》，《庄子注》则出自向秀、郭象。

无论清谈还是玄学，王弼都是核心人物，是名士中最出类拔萃的。当时的史料记录了多次王弼清谈的实例。例如王弼未弱冠时参加何晏的清谈之会，他发出的问难，一坐人都答不上来。于是王弼自为主客，自问自答，所言精妙之理，一坐人皆所不及。《世说新语》中记载了很多王弼的故事，丰富了我们对王弼的了解。不过，我们讨论王弼的哲学，还是应以他的传世的著作为基础。

在王弼短暂的一生中，留下了大、小几部著作。首先是《老子道德经注》（以下简称《老子注》）和《老子指略》。史书记载王弼十余岁即以讲论《老子》闻名，其《老子注》当作成于未弱冠时④，应在同时作了《老子指略》。有趣的是当时何晏刚刚完成自己的《老子注》，见到王弼的注之后，佩服王注精奇，自叹不如，于是就把自己的注稿简化成《道》《德》二论而已。何晏、王弼都主张"以无为本"的自然本体论，这是二人相同之处，也都是从《老子》学中生发出来的。王弼的《老子注》二卷，成了后世《老子》的通行本。陆德明《经典释文》中有《老子道德经音义》，陆氏比较当时流行的河上公注和王弼注，指出河上公注"言治身治国之要"，而王弼注则"妙得虚无之旨"。《老子指略》，在宋代亡佚了，近人王维诚据《云笈七签》中《老君指归略例》和《道藏》中《老子微旨例略》重新辑成《老子指略》。由此《老子注》与《老子指略》二书合成一体，可以通观王弼的《老子》学思想。何劭《王弼传》云："弼注《老子》，为之《指略》，致有理统。"可知两者原本即是配合的。

其次是《周易注》和《周易略例》。这两部《周易》学著作的作成时间也在正始初的那几年，关键在于它们的作成应该在那两部《老子》学著作之后。陈振孙《直斋书录解题》引晁说之云："弼本深于《老子》，而《易》则未也，其于《易》多假诸《老子》之旨，而《老子》无资于《易》，其有余不足之迹可见矣。"⑤晁氏对文本的观察大体是对的，王弼很有可能是先注《老子》后注《易》，故此注《易》的时候援用了先前注《老子》的思想，而先前注《老子》的时候比较纯粹，没有取资于《易》。但由此说王弼《老子》有余而《易》不足则不一定合理，虽说其注《老子》和注《易》都在正始初的几年间，但在义理上仍然可以见出前后递进的脉络，其间有重要的转变，《易》才是王弼思想的落脚点。

王弼关于《周易》学的著作还应包括一篇《周易大衍论》，亦作《周易大演论》。何劭《王弼传》记载荀融难王弼"大衍义"，或许即是这一篇。《旧唐书·经籍志》著录《周易大衍论》一卷，《新唐书·艺文志》著录《大衍论》三卷，其后就亡佚了。今天可以看到的只有韩康伯注《系辞》时引用的一段佚文。虽然只有一段，却是研究王弼哲学不可或缺的材料。

王弼还著有《论语释疑》三卷,《经典释文》《隋书·经籍志》《新唐书·艺文志》都著录过这部著作,遗憾的是其后也亡佚了。今天可以看到的辑佚本,只有自皇侃《论语义疏》和邢昺《论语注疏》中辑录出来的四十余则。

此外《隋书·经籍志》《旧唐书·经籍志》《新唐书·艺文志》都著录有《王弼集》五卷,属于集部别集类,已亡佚,收录的文章无从得知。当代有楼宇烈新编纂的《王弼集校释》,不再是传统的别集体,而是把迄今可见的王弼著作都辑录在一起,并作了校释。

《王弼集校释》收录的王弼著作有:

《老子道德经注》

《老子指略》(辑佚)

《周易注》(附《系辞》以下韩康伯注)

《周易略例》(校释文中包含邢璹注)

《论语释疑》(辑佚)

从王弼这些传世的著作可以看出其大致的学术规模,据此勾勒出王弼的思想体系。有学者综合考量王弼所注的《老子》《周易》《论语》三者,指出《老子注》和《周易注》是王弼的代表作,《老子注》是以儒解道,《周易注》是以道解儒,二者是儒道会通的关系。至于《论语释疑》则又充实了人性论和理想人格方面的内容,尝试解决当时的名教与自然相对立的问题⑥。

王弼与何晏并称,在当时及后世都是极具争议的人物,并不像我们今天比较单一的评价,肯定其作为魏晋玄学的初始者、奠基者的开创性贡献。最激烈的争议在东晋时就出现了,《晋书·范宁传》记录了范宁对何晏、王弼的最严厉的批评。当世的时论称许何晏、王弼,"平叔神怀超绝,辅嗣妙思通微,振千载之颓纲,落周孔之尘网",而范宁则指斥二人"罪过桀、纣"。为什么呢?范宁给出的理由是"王、何蔑弃典文，不遵礼度，游辞浮说，波荡后生，饰华言以翳实，骋繁文以惑世。搢绅之徒翻然改辙，洙泗之风缅焉将坠。遂令仁义幽沦，儒雅蒙尘，礼坏乐崩，中原倾覆"⑦。这么多、这么大的罪名，王、何怕是担荷不起的。清儒钱大昕针对范宁的批评为王、何做了辩解，指出何晏参与曹魏政治，读其奏疏，有大儒之风，王弼深为何晏所知，亦非仅以浮誉见重。且"自古以经训专门者，列于儒林。若辅嗣之《易》，平叔之《论语》，当时重之，更数千载不废，方之汉儒即或有间，魏晋说经之家未能或之先也"⑧。其实魏晋时论所称许的王、何"落周孔之尘网"，就是指王弼注《周易》、何晏注《论语》，这些学术确实都是儒者正业。王弼的《周易注》自南北朝起通行于江左，并列入太学。唐朝修纂的《五经正义》中，有孔颖达撰《周易正义》，为王弼《周易注》作疏。宋朝修纂的《十三经注疏》，有邢昺撰《论语注疏》，为何晏《论语集解》作疏。唐代陆德明《经典释文》所据的也是王弼《周易注》与何晏《论语集解》。这都属于正经正注，足见王、何在儒学传统中的重要地位。

就王弼而言，士大夫名流敬佩其出于名门望族，赞叹其少而察惠，通辩能言，自然出拔，思理高致，但当时的人们即目之为大儒，则未也。有一则史料可以藉之一窥王弼在当时的人们心目中是怎样的形象。正始十年（249），年仅二十三岁的王弼病亡，何劭《王弼传》记载"晋景王闻之，嗟叹者累日，其为高识所惜如此"。《世说新语》注引《王弼别传》也记载了此事，"弼之卒也，晋景帝嗟叹之累日，曰：'天丧予！'其为高识悼惜如此"。这里有意思的是晋景王司马师独特的感叹语"天丧予"，这本是孔子在弟子颜回早夭时发出的悲声，"天丧予！天丧予！"司马师作此感叹，固然不敢自比孔子，但却隐微间有把王弼比作颜回的意味，一样的少年天才，一样的遭命夭折。"天丧予"这句感叹，其用意或许可以从高贵乡公曹髦所作的《颜子论》中探其一二："心不违仁，行无贰过。用行舍藏，与圣合契。听承圣言，罔有不喻。叙之于《易》，以彰殊异。死则悲恸，谓天丧己。所以殷勤至于此者，圣人嘉美贤哲之效也。设使天假之年，后孔子没，焉知其不光明圣道，阐扬师业，有卓尔之美乎？"⑨司马师以"天丧予"悼惜王弼，当包含了类似的嘉美和期许的意思。颇为关键的是当时人们都认为，颜回不仅是个仁者，更具有见微知著、预见吉凶的极高智慧，这一智慧与《周易》有密切关联，且颜回似乎堪作玄学的先驱。比如西晋夏侯湛《颜子赞》说："知彰知微，体深研机。明象介石，量同圣师。探赜罔滞，在言靡遗。仰诸惟高，瞻之攸希。"⑩东晋戴逵《颜回赞》说："神道天绝，理非语象。不有伊人，谁怜谁仰？际尽一时，照无二朗。契彼玄迹，冥若影响。"⑪不妨发挥一下想象力，这些赞颂颜回的词句如果转用到王弼身上，是不是也很贴切、传神呢？

## 二、王弼《周易注》与《周易略例》

如果我们要了解王弼的《易》学以及通过《易》学所发挥的玄学思想，就要深入研读王弼的《周易注》和《周易略例》。这两者就像《老子注》和《老子指略》一样是互相配合着的。而值得注意的是，《周易略例》和《老子指略》二者也被认为具有互补的、相辅相成的关系。刘勰谓之"两例"，王僧虔"《指》《例》"并称，对它们的讨论在当时被看作重要的玄论之一。王弼的《周易注》《周易略例》以及辑佚的"大衍论"，都是既作为《易》学文献，又作为玄学文献，在两个领域中都得到了阐发。

在这里我们仅简要介绍一下王弼的《周易注》和《周易略例》。

王弼的《周易注》只注释了上、下经及次列于上、下经中的《彖传》《象传》《文言传》，传世本六卷，加上《周易略例》一卷，共计七卷。东晋时韩康伯又补注了《系辞传》《说卦传》《序卦传》《杂卦传》，与王弼所注合在一起，遂足成十卷本。

　　王弼的《周易注》算不算是一部未完成的著作呢？他为什么没有注释《系辞》以下的部分呢？据《汉书·艺文志》记载，汉代的《周易》一直经是经，传是传，上、下经两篇加传十篇，共十二篇。重点是传中的《彖》《象》《文言》是配合着经本，逐卦逐卦地解释经文的，所以郑玄最先把这三篇传割裂开，分散到各卦，每卦的传文整块儿地放在经文之后。王弼更进一步，除了乾卦保持郑玄的排法，自坤卦以下，又把《彖》放到卦辞下，《象》的"大象"放在卦辞下，"小象"则分系在爻辞下，更加细化。如果以经的六十四卦为中心，郑、王这样把传分次在经中的做法，已经构成一个整体了。《系辞》以下的传无疑也是非常重要的，王弼没有作注，不是不重要，也不一定是没来得及完成。在王弼看来，《周易》是由这几项构成的，首先是卦体，然后是卦名、卦辞、爻辞，再后则是通过彖、象两大功能，既完成其占筮吉凶的作用，又完成其摹拟天地的作用。新的经传编排方式所要达到的解释效果，也即是《彖》《象》解经，已经完全体现出来了。

　　王弼《周易略例》是在《周易注》之前作的，还是之后作的？这个问题恐怕无法通过分析二者的文本找到答案，好在陆德明《经典释文》说："此是辅嗣所作，既释经文，故相承讲之。"故而看作注后之作也算是有依据的。可以设想，《周易略例》是王弼在作完《周易注》后又作的相对独立的一篇，这一篇被当作玄论流传。但是，这一篇从文体上说毕竟是"例"，例是要运用到注中的，且光读例不读注，例的作用就没有发挥，不能把抽象的原则落到具体之处。尽管有学者发现一些"例"和"注"不一致的地方，也只能抓大放小，尽量为之疏通。孔颖达在为王注作疏的时候，就每每引证王例，从而使王注和王例关联起来，互明互证。

　　现在传世的《周易略例》是唐代邢璹为之作注的版本，通常附在单注本《周易注》之后另作一卷，也有被单独刊刻的情况。《周易略例》一共七章：

"明象"章：论述了《周易》的"象"这一功能。如何以一爻为主，把握作为有机整体的一卦的大义。涉及对卦体、卦名与卦辞的解释。

"明爻通变"章：揭示爻如何感受与传达情伪变化。六十四卦三百八十四爻，通过阴阳刚柔、往来交通，可以摹拟出万事万物的变化。

"明卦适变通爻"章：揭示卦和爻之间的关系。六十四卦各有其时，卦以存时；爻又是适应卦时而具体变化，爻以示变。

"明象"章：论述了《周易》的"象"这一功能。以象为核心的"言""象""意"结构，在运作中实现了"尽"与"忘"双向表达。"明象"与"明象"两章，是王弼哲学最有代表性的文本。

"辩位"章：指出六爻中的初、上两爻没有阴阳、贵贱之位，但是表示了一卦的始与终。同时也揭示了"中四爻"的作用。

"略例下"章：总结出若干条《周易》的凡例，论及彖、象，"元亨利贞"四德，以及阴阳相求、"无咎"等。

"卦略"章：举出十一卦作为解卦的例证，显示解释一卦大义要注意的关键点。

本书在注释中全引了邢璹的注。关于邢璹生平，《四库全书总目》说："其《略例》之注，为唐邢璹撰。璹里籍无考，其结衔称四门助教。案《唐书·王鉷传》称为鸿胪少卿邢璹子绰，以谋反诛，则终于鸿胪少卿也。《太平广记》载其奉使新罗，贼杀贾客百余人，掠其珍货贡于朝。其人殊不足道，其注则至今附弼书以行。"按照邢璹的自叙，作此注是出于己志，但作成后上闻，似欲以之为官书。孔颖达修纂的《周易正义》中并不包含《周易略例》，《宋史·艺文志》著录邢璹注作《补阙周易正义略例疏》三卷，推测邢璹注是用来补充孔颖达《周易正义》的，故虽是注体，也被称作疏。邢璹注文字平易、义理通达，非精通《易》学、详熟王弼注者莫办。毕竟为唐人旧注，亦是唯一长期附王弼《周易注》而流传下来的文本，弥足珍贵。

# 三、《易》学史上的王弼

如果我们在格局与源流上考察《易》学史，会发现王弼都具有重要地位。

《四库全书总目》（以下简称《总目》）有两段话，可以用作评价王弼《易》学的依据。

首先在《易》类序中说："故《易》之为书，推天道以明人事者也。《左传》所记诸占，盖犹太卜之遗法。汉儒言象数，去古未远也；一变为京、焦，入于机祥；再变而为陈、邵，务穷造化。《易》遂不切于民用。王弼尽黜象数，说以老庄；一变而胡瑗、程子，始阐明儒理；再变而李光、杨万里，又参证史事。《易》遂日启其论端。此两派六宗，已互相攻驳。"⑫

其次对于王弼《周易注》，《总目》说："弼之说《易》，源出费直。直《易》今不可见，然荀爽《易》即费氏学，李鼎祚书尚颇载其遗说，大抵究爻位之上下，辨卦德之刚柔，已与弼《注》略近。但弼全废象数，又变本加厉耳。平心而论，阐明义理，使《易》不杂于术数者，弼与康伯深为有功；祖尚虚无，使《易》竟入于老庄者，弼与康伯亦不能无过。瑕瑜不掩，是其定评。"

《总目》划定了历代《易》学的基本格局，即"两派六宗"。王弼居义理派之首，以黜汉儒象数，援老庄入《易》，为一宗。这个论断迄今仍属定评。不过，犹有一些细节值得厘清，有助于我们更恰当地定位王弼的学术。

首先，《总目》说王弼"尽黜象数""全废象数"，究竟到什么程度？所谓象数，就《易》的经本而言，主要是象。《易》的象，有基于八卦、六十四卦的象，有基于卦爻辞的象，还有类似《说卦》那种衍生出来的、经传中没有的象。前两者是见于经传的，王弼作注时都注到了，这是不可能否认的。唯独《说卦》以降的各种经传中没有的象，这些确实是王弼要废除的。如果说王弼的《易》学中就没有象了，王弼完全不讲象，就言过其实了。王弼《易》学中不仅有象的体系，而且居于核心的地位，发挥重要功能。《周易略例》的"明象"章，正是揭示了这一点。

其次，王弼"说以老庄""祖尚虚无"，似乎也是不可否认的特点。王弼注《老》又注《易》，不是首开先例。自马融开始，经师兼知老庄的，颇有其人，稍早于王弼的董遇，已经以兼注《易》《老》闻名。魏晋玄学又以这三者为共同依据的经典，思想、用语上有所融通互用，都是合情合理的。王弼注《易》无疑为《易》染上不少道家的色彩，但这些道家的色彩足以改变《易》的固有性质，"使《易》竟入于老庄"了吗？这一点若只拘泥于字句的同异比勘，并不足以做出令人信服的判断。必须先对王弼的《老》学与《易》学分别做出思想定性，然后设身处地在作为思想主体的王弼那里做通盘的权衡，才能形成一个相对稳妥的结论。无论《老》还是《易》，它们都有恒定的思想性质，不是那么容易被外来影响所改变的。

总之，在《易》学的基本格局中，王弼占据着不可或缺的一席之地。而自《易》学的发展源流上看，王弼也处在枢纽的位置。

《周易》的经文作成于殷周之际，而传文则作于战国中晚期。孔子晚年读《易》，韦编三绝。此后《易》作为六艺之一，为儒家传承。汉初立五经博士，《易》博士有施、孟、梁丘三家，其先都出自汉初的田何。这些是立在学官的《易》学，属今文学。西汉末，刘向校中秘书，见到古文《易》，用施、孟、梁丘的经本校勘，都有一些不太大的差异，又用民间传授的费氏的经本校勘，跟中秘的古文是相同的。故而东汉以后"费氏学"渐占主流，其最大的特点是用古文本，用《彖》《象》《系辞》解经，象数内容逐渐减弱，义理内容逐渐增强。《隋书·经籍志》

说："后汉陈元、郑众，皆传费氏之学，马融又为其传，以授郑玄，玄作《易注》，荀爽又作《易传》。魏代王肃、王弼，并为之注。自是费氏大兴。"

东汉时期的今文经学，搀进很多谶纬迷信的成分，其中讲理的部分几乎全被迷信的部分淹没，且章句解说越来越繁多。荒诞与烦琐，是东汉今文经学的两个弊端[13]。今文《易》学也不例外，而古文《易》学的兴起，有针砭时弊的意义，郑玄、荀爽、王肃、王弼都属于这一潮流。王弼时的经学已经不拘守家法、师法，各家既有传承又自立新说，总的趋势是更加重视义理，解经文体上也较汉代有很大改变。这是大势所趋，不止王弼一家如此。

王弼的《周易注》问世后，首先作为"三玄"之一，在清谈和玄学的范围内流行。在经学上则与郑玄的《周易注》、王肃的《周易注》相互抑扬。南朝宋元嘉年间，王弼《易》和郑玄《易》一度并列在学官。当时有北方流行郑玄《易》、南方流行王弼《易》的局面。唐贞观年间孔颖达奉诏修纂《五经正义》，《周易》一经选用王弼、韩康伯的注，为之作疏，自此包括王、韩注，孔颖达疏的《周易正义》就成了"正经正注"，取得独尊的地位。文本上也成了标准本，唐开成石经的《周易》即用王弼注本。

中国传统文化的重要特点之一即是重视经典解释体系，每一种经典都有由历代注疏构成的解释史。经典解释的历史并不是像一条笔直的长河顺流而下，中间总有一个或几个关键的著作，成为解释史的枢纽，从而造成回旋往复的走向。我们要掌握一种经典的解释史，往往是要从这个枢纽入手，或者自此向前回溯，或者自此向后延展。王、韩、孔的《周易正义》就处在这样的枢纽位置。学者必须先搞通《周易正义》，然后再往上搞通汉《易》，乃至回到经传产生的时代；同样必须先搞通《周易正义》，才能往下搞通宋《易》，乃至清《易》。从文献学的角度说，即便我们新发现了战国至汉代的竹简本、帛书本，都是年代上远早于王弼本的，但是要识读、校订它们，必须用王弼本作为参照系。

王弼的《周易注》《周易略例》可以在《周易》的解释史中单独论述。同样，《老子注》《老子指略》可以在《老子》的解释史中单独论述。但是，如果讲到王弼的玄学，则必须把这两个系列有机地结合在一起来看待。

# 四、哲学史上的王弼

中国哲学史是一门现代学科，但它几乎是完整地吸纳了在传统中已自成系统的魏晋玄学，魏晋玄学被视为中国哲学的最典型的学术形态之一。

魏晋玄学有三大论题：一是自然与名教的关系问题，二是无和有的关系问题，三是言意之辩。这三大论题都与王弼密切相关。

魏晋时期崇尚"自然"，可谓时代风尚。什么是自然呢？回答这个问题必须溯源到老子的两句话：一句是"道生一，一生二，二生三，三生万物"；一句是"人法地，地法天，天法道，道法自然"。道化生万物，这个过程是自然的，或者说自然是宇宙生成的过程中显示出来的特性，自然并不是指一个实体，一开始也不是指大自然、自然世界那个自然。自然有两重意义：首先，宇宙运作没有上帝之类的主宰者，没有外来的立法，也没有人所施加的任意的干预，它只是自己天然的、本然的运行着；其次，这一宇宙运作实现着预定的和谐秩序，有始有终，相生相成，一直保持着作为有机整体的统一。天地的运作是自然的，社会的运作、个体的生存也都应是自然的。

天地的秩序与运行是自然的，这是毋庸置疑的，而与之对应的人类社会的秩序与运行是否也是自然的，则导出了清谈争议的焦点：人类社会的秩序与运行——亦即"名教"——是否能够达致自然？如何才能达致自然？如果名教根本上无法达致自然，那么就只能超越它，"越名教而任自然"；如果名教可以达致自然，那么如何才能实现这一理想？

王弼认为自然与名教是可以统一的。如何才能做到二者的统一呢？"以无为本""崇本息末"即是解决之道的要点。

《晋书·王衍传》记载："魏正始中，何晏、王弼等祖述《老》《庄》，立论以为：'天地万物皆以无为本。'"王弼《老子注》中说："天下之物，皆以有为生。有之所始，以无为本，将欲全有，必反于无。"这是"以无为本"命题的出处。此外，王弼《老子指略》说："《老子》之书，其几乎可一言而蔽之。噫！崇本息末而已矣。"这是"崇本息末"命题的出处。这两个命题都是沿着道家哲学生发出来的。

从"以无为本"进一步推论，则可以得出无为本，有为末，无是形而上的，有是形而下的。"以无为本"是说以无作为形而上的本体。"崇本息末"则是说在实际运用中如何处理无和有的关系。这两个命题前者体现在"体"上，后者体现在"用"中。

如果回归到自然与名教的关系问题，"以无为本""崇本息末"所发挥的作用主要在使自然与名教和谐统一。夏侯玄曾说："天地以自然运，圣人以自然用。"天地、圣人在发挥自然上是一致的。王弼认为，名教是自然的产物，但是名教在历史演变中变得越来越不自然了。"崇本息末"不是极端到否定名教，超越名教，而是让既有的名教能从不自然达致自然。"崇本息末"总的来说是无为，无为则自然。而天地自然运，圣人自然用，天地人就成了一个按预定和谐运作的、自相治理的大系统。

如果转进到无和有的关系问题，则引出了中国哲学的本体论诞生问题。在中国哲学史的发展脉络中，魏晋玄学相对汉代哲学的最重要的进步即是从宇宙论演变为本体论。

魏晋玄学的本体论有两种形式：一是以无为本的本体论，一是以有为本的本体论。按清谈的说法，前者"贵无"，后者"崇有"。而何晏、王弼主张的"以无为本"在先，所以被视为本体论诞生的标志。

当我们以本体论来看待无和有的问题时，理论模式本身就会使对象区隔为形而上的与形而下的两层，无属于形而上，有属于形而下。而我们身处的世界一定是形而下的，如何从形而下超越到形而上，就是本体论之后必须解决的新问题。不能使形而上与形而下之间出现不可逾越的思维鸿沟。

而在研究者看来，王弼在确立了无的本体的同时，又揭示了从形而下的有超越到形而上的无的思维路径，即《周易略例》中说的"尽意莫若象，尽象莫若言"及"得意在忘象，得象在忘言"。

通常认为，言指卦辞，代表语言；象指卦象，代表物象；意指一卦的义理，代表事物的规律。这就把结合在《周易》中的具体的言、象、意，转化为语言、物象、规律三者关系。从语言到物象，再到规律，是一个逐级抽象的过程，一旦抽象进到上一级的表达形式之后，则需要忘掉上一个环节。意是最抽象的，如果在事物的规律这个意义上理解意，那么意指获得某种观念内容的表达。

这样的简化的理解，标示出一种类似认识过程的抽象关系，但这种抽象还不能得出"以无为本"的本体论所要的结果。对于后者来说，必须利用这种抽象进程跨越形而下与形而上之间的鸿沟。为此首先需要把言、象划在形而下，把意划在形而上。其次要把最终极的意，推阐到一、无，也就是本体。无作为本体是没有任何规定性的，因此也不能再视之为事物的规律。虽然我们在说一、无，而它们作为本体是无法说的，只能体会。

这种为适应本体论需要而对言、象、意关系的解释，最重要的是忘。在认识过程中，我们通过观察各种现象，归纳出这些现象包含着的规律。尽管规律会采用概念或符号来表达，但这并不要求一定忘掉前面的现象。

就规定性而言，二者是一致的，只有隐显之别。但是，如果这个过程要达到从有规定性到无规定性的抽象，那么就一定得不断减少规定性，为道日损，损之又损，以至于无。

魏晋清谈有一个重要的论题"言意之辩"，当时的学者或主张"言尽意"，或主张"言不尽意"，争论一直持续到东晋。王弼的言、象、意理论本来是专门解释《周易》的，其所本是《系辞》中的一段话。不过后世的研究者往往把言、象、意三者缩略成言、意两者，在言意之辩的框架下看王弼。若从"尽意莫若象，尽象莫若言"来看，王弼似乎是言尽意论者；而从"得意在忘象，得象在忘言"来看，他又似乎是言不尽意论者。在两可中做选择，关键在于抽象过程的指向。如果把无的本体论设定为目标，则必须通过忘这一特殊的抽象才能达到。忘之所以是必要的，不仅在于通过忘可以使人获得字面语义之外的言外之意，更在于最终体认本体，也就是无。本体的无规定性是此前的任何规定性所不能表达的。

总之，王弼在哲学史上的最大贡献是推动了从汉代宇宙论到魏晋本体论的转变。不过王弼、何晏的无的本体论只是这一转变的发端，再发展到郭象等人的有的本体论才是真正的完成。王弼试图统合名教与自然，也是他的一大贡献。内圣开外王，自然生名教，可谓中国传统思想中的两大乌托邦观念。

## 五、重归宇宙论的阐释

从哲学模式来说，《周易》所体现的哲学主要是宇宙论，故而在《周易》的大背景下，紧扣《周易略例》的文本来解读王弼的哲学，从上述前进到本体论，重回宇宙论，仍然是一种可能的选择。

在宇宙论框架下解读王弼的哲学，首先要讨论的是本末这对范畴。

"以无为本"的本,是本、末对言的本。本、末从属于一个有机整体,构成该有机整体的始与终。如同本、末这两个字的字形所指示的,"本"是树木的根,是一,而"末"是树木的梢,是多。此之谓本,不是今天讲的形而上学的本体。我们不会把一棵树的根视为形而上的,梢视为形而下的,也不会说一件事情的开始是形而上,结束就变成形而下了。

置于本末两端的,可以是无和有,也可以是一和多。若从道化生万物的那一刻说,道是无,万物是有,这是无和有的关系;从第一个有,到无数的有,则是一和多的关系。宇宙论是在万物既有的状况下展开的。作为本体的道是没有规定性的,它生成万物,万物是有规定性的,有规定性的事物按照预定的和谐秩序而相互关联成整体。道在整体中并不单独占有一个实体位置,它将自身体现在整体的全部。其显现在天者,谓之形而上;显现在地者,谓之形而下。人参天地之化育,天、地、人共同构成一个有机整体。

在道与其生成的宇宙之间可以设想无和有的关系,而在作为有机整体的宇宙范畴内,是没有与前者意义相同的无和有的关系的。在宇宙范畴内讲有无,都是作为相互作用的二者,与阴阳、刚柔同类。在一个有机整体中,更根本的关系是一和多。

王弼《老子注》《老子指略》中的哲学,核心是无和有;《周易注》《周易略例》中的哲学,核心是一和多。王弼的《易》学也涉及无和有,或者说也是"以无为本"的。这一点体现在其对于"大衍之数"的解释。韩康伯《系辞》注引王弼曰:"演天地之数,所赖者五十也。其用四十有九,则其一不用也。不用而用以之通,非数而数以之成,斯易之太极也。四十有九,数之极也。夫无不可以无明,必因于有,故常于有物之极,而必明其所由之宗也。"大衍之数的第五十策是不用的,它表示太极,而太极为无,亦为元。在筮法中首先择出的这个第五十策,实际上只是作为一个象征物放在那儿，并没有用于占筮，实际用的是其余四十九策，通过三变成爻，十有八变而成卦，一卦六爻，六十四卦三百八十四爻，从而表达天地万物，这些占筮而成的爻所表达的对象都属于有的范围。

王弼还有一个与"崇本息末"类似的主张是"举本统末"，是王弼在《论语释疑》中提出的。从内在的思理说，前一本末在无有之间，后一本末在有有之间。按照《周易》来设想，"崇本息末"是从占归到不占，从三百八十四爻归到六十四卦、六爻一卦，最终归于大衍之一。而"举本统末"，则是要在既成的卦体中找到爻象之主，在卦爻辞中找到义理之主，然后以之为本，统御其他的爻和辞。大到依序排列的六十四卦，小到每一卦，其作为一个有机整体犹如人有头脑，亦有四肢百骸，"举本统末"是举头脑之本，统四肢百骸之末。

王弼的宇宙论较之汉代宇宙论有很大进展。汉代宇宙论已具有有机整体的观念。它认为宇宙从一个单一的源头开始，生出天地万物来，其所生成的天地与社会都是有预定的和谐秩序的，万事万物据此相互关联而成为一个整体。有机整体的运作，其本质是自然的。但是在汉代被附着上灾异感应，因此宇宙的运作似乎在自然的同时，又有一个外在的上帝、鬼神的力量推动着、控制着。这种状况在今文经学中最突出，古文经学已经逐步减少了。到了王弼，他依然相信宇宙作为一个有机整体在运作，且运作纯粹是自然的，而那些附着上去的上帝、鬼神之类，则被扬弃掉了。

扬弃了上帝、鬼神的宇宙论，以最抽象、简洁的方式表达出宇宙自然的本质。宇宙的自然运作，其作为有机体还是无机体是不一样的。如果作为有机体，像生命一样，那么它的运作尽管是遵循常道的，但是每一次所生成的都应该是新的、一次性的、独一无二的，而并非一遍遍机械地重复。宇宙生生不息，不断地变化日新。

　　《周易》被认为是摹拟宇宙运作而创制出来的占筮系统。就其表达意义的形式来说，可以用言、象、意来概括这个系统，而象则居于这个系统的核心。"明象"章也是《周易略例》最具哲学内涵的部分。

　　言、象、意是一个完整的、协调发挥功能的结构，其发挥功能有两个方向。王弼所论是基于《系辞》"子曰：'书不尽言，言不尽意。'然则圣人之意，其不可见乎？子曰：'圣人立象以尽意，设卦以尽情伪，系辞焉以尽其言，变而通之以尽利，鼓之舞之以尽神。'"这段话。就《周易》而言，"言"指的是六十卦的卦爻辞，"象"指的是六十四卦的卦象、爻象，"意"则是吉凶悔吝之意。圣人通过立象、设卦、系辞而作《易》，实现了从意到象、从象到言之间的尽，也就是完全的表达。这是"尽"的方向。王弼改换圣人作《易》的角度为后世之用《易》的角度，反过来讲从言到象，从象到意，强调必须忘言才能得象，必须忘象才能得意。这则是"忘"的方向。

　　什么是"忘"，就成了理解王弼思想的关键问题。所谓忘，通常的解释会把它视为一种抽象思维方式。从言到象，再到意，即是从具体到一般的抽象过程，最终达到形而上学的本体，乃至无。这种解释和《周易》作为占筮之书的实际有一定距离。忘的确是一种抽象思维方式，但它指的是不同情境中的意义的迁移。从言到象完成一重迁移，迁移的是象，同时也是健顺之义；从象到意又完成一重迁移，迁移的是意，也就是吉凶之意，应与《系辞》所说的"圣人之意"相一致。言与象二者共同蕴含的东西在迁移，象与意二者共同蕴含的东西在迁移，但其并非一个具体的东西在线性地变得越来越抽象。两重迁移各具其意义。言到象的迁移所要达到的义，显示出卦爻变化的合理性；象到意的迁移所得到的吉凶，则是天意、圣人之意，它是目的性的结果。显然，占筮者所要求得的是吉凶兆示，相对而言，卦爻只是手段，吉凶才是目的。只有合理的卦爻变化，才能兆示出真正的吉凶。

　　王弼的这一章题为"明象"，明确地突出了象的地位。王弼否定的是汉儒衍生出的各种稀奇古怪的象，也就是高贵乡公在太学中说到的"细物"之象，而不是《周易》中固有的基本的象。在王弼那里，象作为整体结构的核心在发挥其居间的功能，一端统摄着言，一端兆示着意。象之所以能担此重任，因为象背后蕴含着义。义，宜也，理也。乾健、坤顺，这些都是义。读《周易略例》能够辨析其中义与意的同异，可谓思过半矣。

　　王弼的一生虽然很短暂，但仍可以按照其注释《老子》和注释《周易》的时间前后，划分一下思想发展的阶段。其前后的差异，一方面是由于其依托的经典的不同，经典内涵的不同影响到通过阐释经典而表达的王弼思想的不同；另一方面也可以看作是王弼思想自身的进程，经由《老子》，落脚在《周易》，整体上是协调的。

　　王弼作《老子注》《老子指略》，与何晏清谈期间的思想，我将之概括为"自然本无论"。到了他作《周易注》《周易略例》的时候，其思想的重点有所转移，这时的思想，我将之概括为"自然目的论"。这两者都应置于宇宙论的框架下来看。"自然本无"的本，是本末的本；无，不是作为本体的、先于有的无，而是有无共在、相互作用的无。当其无，有的生成变化才是自然的。"自然目的"的目的，即一般哲学概念的目的，意谓在自然的进程中显现出目的，或者说目的引领着自然的进程。

　　在汉代思想中，这种目的论倾向是很明显的。不过，它是由鬼神左右的，与自然过程的关系是外在的。王弼则使自然与目的转化为内在关系。宇宙的构成永远是天、地、人共在的。人参天地之化育，且人是以人的独立位格参与其中，这时宇宙运作就不仅仅是机械地执行着自然的程序，它会有期望、有谋划、有冲动、有犹豫、有得失、有悔恨、有喜怒哀乐，这些人性的表现都是被内在的目的所引领的。这样的宇宙既是自然的又是有目的的。

# 六、版本与解读体例

　　《周易略例》首见陆德明《经典释文·序录》著录《王弼注》七卷，其中注上、下经六卷，《易略例》一卷。陆氏所作的《周易音义》中亦包含《周易略例》。陆氏《序录》又提到王俭《七志》著录《王弼注》十卷。《隋书·经籍志》著录《周易》十卷，王弼注《六十四卦》六卷，韩康伯注《系辞》以下三卷，王弼又撰《易略例》一卷。这是唐代之前《周易略例》的版本情况，或在七卷本中，或在十卷本中。唐开成石经刻有《周易略例》。宋代之后《周易略例》的版本渐多，一般是附在经注本后，也有单行本。兹选取几种优良版本略作介绍，以飨讲求版本的读者。

　　（1）《周易略例》一卷，清皕忍堂景刊唐开成石经，《景刊唐开成石经》第一册，中华书局，1997年。此本为白文本。

　　（2）《周易略例》邢璹注，附王弼《周易注》后，《四部丛刊》影印上海涵芬楼藏宋刻本，宋刻递修。此本《周易略例》属抄补部分，非抚州公使库原刻。

　　（3）《周易略例》邢璹注，附王弼《周易注》后，国家图书馆出版社《中华再造善本》影印宋刻本，董其昌、文嘉、文震孟、文从简、秦惠田跋。

　　（4）《周易略例》邢璹注，附王弼《周易注》后，国家图书馆出版社《中华再造善本》影印元相台岳氏荆谿家塾本。

　　（5）《周易略例》邢璹注，附李鼎祚《周易集解》后，明嘉靖朱睦㮮聚乐堂刊本。

　　（6）《周易略例》一卷，邢璹注，明范钦订，天一阁《范氏奇书》收录，单行本。

　　（7）《周易集解略例》一卷，邢璹注，明毛晋汲古阁《津逮秘书》收录，单行本。

（8）《周易略例》一卷，邢璹注，明程荣校，《汉魏丛书》收录，单行本。

此外，清嘉庆间阮氏文选楼刻本《十三经注疏校勘记》中有《周易略例》校勘记。

本书采用国家图书馆出版社《中华再造善本》影宋刻本为底本，参校其余各本。按照全书体例要求，非释义需要，不出校。

楼宇烈先生《王弼集校释》中之《周易略例》以明代毛晋汲古阁刊本为底本，参校《四部丛刊》影宋本、《汉魏丛书》等本，对于王弼《周易略例》以及邢璹《注》均做了精善的校勘与注释。本书以之为基础，择善而从。参照楼宇烈先生的做法，邢璹的注文次列在正文的"注释"条目中。邢璹《注》依据同底本，做了校勘，但是没有作注释，偶有一些疏解、讨论。邢璹的《叙》附录于书后。

本书的重点不在古籍整理，亦不在为初学者提供语文注释，重点放在经典解释上。《周易略例》文体上属于"例"，同时也是"论"。如果仅是单纯的凡例，则没有独立出正文的意义。王弼可能是完成注文后才写的凡例，且这一凡例写得像一篇论，结果使得《周易略例》成了独立的篇什了。然而在解释它的时候，要避免将其从复杂的文本关联中抽离出来。我们需要设定一个由不可或缺的文本构成的大文本体系，包括王弼《周易注》及孔颖达疏、王弼《周易略例》及邢璹注。假定王弼的《周易注》与《周易略例》思想与学术上是一致的，可以相互发明，错综其说；进而再假定孔颖达的疏与邢璹的注，与其注疏的原典基本上是一致的，可以优先选择其解释。当然，这些假定的一致，肯定不是绝对的，在解释的过程中一定会发现几者之间的差异乃至矛盾，需要做出精细的辨析。其他可供参考的文本，还应包括韩康伯续注的《系辞》以下各传及孔颖达疏，文献记载的王弼论《易》佚文，如论大衍义等等。

这是一本小书，但将是一本越读越厚、学术不断深化、意义不断增长的书。

① 冯友兰《中国哲学史新编》（中卷）第三十七章"通论玄学"，人民出版社，1998年，第417页。

② 范寿康《魏晋之清谈》，商务印书馆，1936年，第5页。

③ （晋）陈寿《三国志》卷十《魏书·荀彧传》，中华书局，1982年，第320页。

④ 刘汝霖《汉晋学术编年》记在正始四年（243），王弼十七岁。中华书局，1987年，第159页。

⑤ （宋）陈振孙《直斋书录解题》卷九道家类《老子注》二卷，注引晁说之语，上海古籍出版社，1987年，第285页。

⑥ 余敦康《魏晋玄学史》，北京大学出版社，2004年，第7、266—267页。

⑦ （唐）房玄龄等《晋书》卷七十五《范宁传》，中华书局，1974年，第1984—1985页。

⑧ （清）钱大昕《何晏论》，《潜研堂文集》卷二，《四部丛刊》本。

⑨ （三国魏）曹髦《颜子论》，《全上古三代秦汉三国六朝文》第二册《全三国文》卷十一，中华书局，1958年，第1115页。

⑩ （晋）夏侯湛《颜子赞》，《全上古三代秦汉三国六朝文》第二册《全晋文》卷六十九，中华书局，1958年，第1856页。

⑪ （晋）戴逵《颜回赞》，《全上古三代秦汉三国六朝文》第三册《全晋文》卷一百三十七，中华书局，1958年，第2250页。

⑫ （清）永瑢等《四库全书总目》，中华书局，1965年，第1页。

⑬ 汤用彤、任继愈《魏晋玄学中的社会政治思想略论》，上海人民出版社，1962年，第7—8页。

# 周易略例

## 明　象

夫象者，何也[1]？统论一卦之体，明其所由之主者也[2]。

夫众不能治众，治众者，至寡者也[3]。夫动不能制动，制天下之动者，贞夫一者也[4]。故众之所以得咸存者，主必致一也[5]。动之所以得咸运者，原必无二也[6]。物无妄然，必由其理[7]。统之有宗，会之有元[8]。故繁而不乱，众而不惑[9]。故六爻相错，可举一以明也[10]。刚柔相

一可以统多，无不可以统有。

《论语释疑》云："能尽理极，则无物不统。极不可二，故谓之一也。"

乘，可立主以定也[11]。是故杂物撰德，辩是与非，则非其中爻莫之备矣[12]。

**［注释］**

[1]《周易略例》题名下邢璹《注》云："略例者，举释纲目之名，统明文理之称。略，不具也。例，举并也。辅嗣以先儒注《易》二十余家，虽小有异同，而迭相祖述，推比所见特殊，故作《略例》，以辩诸家之惑，错综文理，略录之也。"彖，断也，即对一卦的总体意义作出判断。明彖即是揭明彖这一功能。就《周易》而言，它是由卦体、卦辞与解说卦辞的《彖传》相互配合着体现的。邢璹《注》云："将释其义，故假设问端，故曰何。" [2]统论，理其经纬，使有本末。体，指卦体。卦体即经过占筮而成的由六个爻画构成的卦的形态。主，一卦中起主导作用的一爻，这一爻是在卦体的结构中确认的。所由，卦体所遵从的。邢璹《注》云："统论一卦功用之体，明，辩也，辩卦体功用所由之主。立主之义，义在一爻明辩也。" [3]众，指万事万物，黎民百姓。寡，少，至少者为一，指万事万物的统御者，君王。邢璹《注》云："万物是众，一是寡。众不能治众，治众者，至少以治之也。" [4]制，节制，使其当动则动，当静则静。贞，正。一，恒一、纯一。"制天下之动者，贞夫一者也"出自《系辞下》："天下之动，贞夫一者也。"这里说的一，是乾坤共有的体性，乾为一，坤为一，乾坤共为一。不存在乾坤之外的一。乾坤恒一其德，使本乾坤而生之万物在生成过程中取正于乾坤之一，亦使万物自身在变化中保持本性的纯一。得一，则所动遂其性；失一，则所动乖其理。邢璹《注》云："天下之动，动则不能自制，制其动者，贞之一者也。《老子》曰：'王侯得一以为天下贞。'然则

一为君体，君体合道，动是众，由一制也。制众归一，故静为躁君，安为动主。"邢氏的解释最终把一归结为静，值得商榷。此处的一，应当是统御动静二者的，犹如太极之为一，乾坤共在其中。又"动不能制动"一本作"天地不能制动"，亦通。　[5]咸，皆。致，达致。此二句意为，主必首先达致一，使众能有所取正，是众得咸存的前提；若主不能致一，众亦不得咸存。邢璹《注》云："致，由归也。众得皆存其存，有心归于一，故无心于存，皆得其存也。"　[6]原，核心，枢纽。句意与上句类似，天地核心、运动枢纽必先达致一，使万物之动能有所取向、取准，是动之得以咸运的前提；若原不能致一，动亦不得咸运。邢璹《注》云："动所以运运不已者，谓无二动，故无心于动，而动不息也。"　[7]妄，虚妄，在此指杂多、盲动的状态，即是妄然。理，内在于杂多、盲动状态的内在秩序，规范事物应然、必然而运行的法则。邢璹《注》云："物，众也。妄，虚妄也。天下之众，众皆无妄，无妄之理，必由君主统之也。"　[8]宗，共同的来源或者说祖先。有，同"以"。"统之有宗"，即用宗来统领。会，交会。元，通"原"。四方殊途，当同归于中心、枢纽。"会之有元"，即使四方交会于元。王弼《老子》四十七章注云："事有宗而物有主。途虽殊而其归同也，虑虽百而其致一也。"在此宗、元意指理，理是事物的宗、元。邢璹《注》云："统领之以宗主，会合之以元首。"把宗、元解释成君主、元首。　[9]此二句意为，有宗则不乱次序，有元则不惑殊途。邢璹《注》则云："统之有宗主，虽繁而不乱；会之以元首，虽众而不惑。"　[10]错，错落、间杂。卦体由六爻构成，六爻或阳爻━，或阴爻╍，六十四卦的每一卦都由阴阳爻错杂排列而成，乾☰是六阳爻，坤☷是六阴爻，其余诸卦都是兼有阴、阳爻，如屯☳、蒙☶。此二句意为，卦体中的六爻虽然杂然众多，但起主导作用只是其中的一爻，举明此一爻，则亦可明确整个卦体的意义。邢璹《注》云："错，杂也。六爻或阴或阳，错杂交乱，举贞一之主，以明其用。"[11]阳性刚，阴性柔，这里刚柔指卦体中的阳爻和阴爻。乘，指爻与爻的关系之一。爻与爻的关系可分乘、承、比、应、据等等，这里说的"刚柔相乘"，即泛指这些爻与爻的关系，具体含义当视每一卦的具体情况来分析。关键在于这些关系并不是既成的、表面的，必须首先确立主爻之后，才能梳理清楚。邢璹《注》云："六爻有刚有柔，或乘或据，有逆有顺，可立主以定之。"[12]此三句出自《系辞下》"若夫杂物撰德，辩是与非，则非其中爻不备"。中爻，指六爻中起主导作用的那一爻，这一爻可以是六爻中的任一爻。选定这一爻时还要考虑爻位，故而有先后次序。首先是二、五爻。二为下卦之中，五为上卦之中，皆称"中爻"。有时或二或五，选出一爻为主，有时二、五相应，共同体现主导作用。二与四、三与五同功而异位，由二、五关联及三、四，二、三、四、五合称"中四爻"，起主导作用的也可以是三、四。在王弼的易学中，初、上爻是无位的，但在一阴五阳、一阳五阴的卦体中，居初、上的独阴之爻或独阳之爻，也可以是主爻。以二、五为中爻，可以从注疏中找到例证。孔颖达《周易正义》说："言杂聚天下之物，撰数众人之德，辩定是之与非，则非其中之一爻，不能备具也。谓一卦之内，而有六爻，各主其物，各数其德，欲辩定此六爻之是非，则总归于中爻，言中爻统摄一卦之义多也。若非中爻，则各守一爻，不能尽统卦义，以中爻居一无偏，故能统卦义也。犹乾之九二'见龙在田，利见大人'，九五'飞龙在天，利见大人'，是总摄乾卦之义也。乾是阳长，是行利见大人之时。二之与五，统摄乾德。又坤之六二云'直方大'，摄坤卦地道之义。六五'黄裳元吉'，亦统摄坤之臣道之义也。"孔颖达解释中爻，先泛说"其中之一爻"，然所举乾☰、坤☷二卦例，中爻是以二、五两爻共同担当的。邢璹《注》云："撰，数也。杂，聚也。聚其物体，数其德行。""辩，明也。得位而承之，是也；失位而据之，非也。""然则非是中之一爻，莫之能备。讼《彖》云'讼，有孚，窒惕，中吉。刚来而得中也'，困《彖》云'贞大人吉，以刚中也'之例是也。"从讼☲☰、困☱☵二例看，讼卦对应九二，困卦对应九五，只关涉一爻，其范围亦限于二、五。而以三、四为主爻，乃至以初、上为主爻，也是合乎王弼易学之理的，可参见下文注释。

故自统而寻之，物虽众，则知可以执一御也[1]；由本以观之，义虽博，则知可以一名举也[2]。故处璇玑以观大运，则天地之动未足怪也[3]；据会要以观方来，则六合辐凑未足多也[4]。故举卦之名，义有主矣。观其彖辞，则思过半矣[5]！夫古今虽殊，军国异容，中之为用，故未可远也[6]。品制万变，宗主存焉；象之所尚，斯为盛矣[7]。

> 一与多的关系比诸君主与人民，是用自然之道美化专制政治。

[注释]

[1]统，即指前文说的宗、元。可以统御众物的宗、元即是一。御，统御。邢璹《注》云："无为之一者，道也，君也。统而推寻，万物虽殊，一之以神道；百姓虽众，御之以君主也。"

[2]此三句言《周易》之理。本，一卦的卦体中蕴含的根本的义。这个卦体的义分有到六爻以及六爻关系当中，则又各自成为一义，乃成博杂的爻义。名，一卦之卦名。举，举示。卦名

之义与卦体之义一致，故能举此卦名之义为全卦的主义。邢璹《注》云："博，广也。本，谓君也，道也。义虽广，举之在一也。" [3] 璇玑，古代观测天象的仪器，亦泛指北斗。处璇玑，有用璇玑观测北斗的意思。大运，指天体的运行。"处璇玑以观大运"，不是说处在仪器的位置观察大运，而是以仪器所观测的北斗为基准，观察其他天体的运动。古人认为诸天体中北斗是恒定不动的，其他天体则以北斗为基准运动。 [4] 会要，交会之枢纽、目的地。方来，自四面八方会聚而来。六合，上、下、四方为六合，意指所有方向。辐凑，意指自各方向朝着中央聚集。辐，车轮中自外向内凑集于中心的若干条直木。车轮外圈曰辅，中心曰毂，辅与毂相连接的直条曰辐。邢璹《注》云："天地虽大，睹之以璇玑；六合虽广，据之以要会。天地之运，不足怪其大；六合辐凑，不足称其多。" [5] "义有主"，卦爻辞的杂多之义，有其主脑。"观其象辞，则思过半矣"袭用《系辞下》"知者观其象辞，思过半矣"。象辞，在此当指卦辞，亦可兼指卦辞、爻辞。思过半，领悟大半。此四句意为，举出一卦之名，则此卦的整体意义就有所统领了，因此根据卦名确立的主旨，再看其卦辞、爻辞，就能够思过半了。邢璹《注》云："象总卦义，义主中爻。简易者，道也，君也。道能化物，君能御民。智者观之，思过其半。"邢氏认为这段文字还是在说中爻问题，而王弼很明确地说举卦名和观象辞。中爻和六爻有一个以一御多的关系，卦名和卦爻辞也有一个以一御多的关系。二者不应混淆。 [6] 军容，军队之容仪。据《司马法》之说，"古者国容不入军，军容不入国"，故云"军国异容"。"中之为用"的中，意指能统摄古今、军国之中，这个中，犹如《尚书·洪范》"建用皇极"的极，也是本文说的一、主、宗、元，又或中爻之中。中之为用，即在"古今虽殊，军国异容"的纷繁变化中保持中正、正中。邢璹《注》

云："古今革变，军国殊别，中贞之用，终无疏远。" [7] 品制，制御万变，使其有种类、秩序。或者说万变，亦即品物流形，皆得宗主之制御。盛，叹美之辞，治其极的意思。邢璹《注》云："品变积万，存之在一。"

夫少者，多之所贵也；寡者，众之所宗也[1]。一卦五阳而一阴，则一阴为之主矣[2]；五阴而一阳，则一阳为之主矣[3]。夫阴之所求者，阳也，阳之所求者，阴也[4]。阳苟一焉，五阴何得不同而归之？阴苟只焉，五阳何得不同而从之[5]？故阴爻虽贱，而为一卦之主者，处其至少之地也。或有遗爻而举二体者，卦体不由乎爻也[6]。

一者为本，多者为末。

[ 注释 ]

[1] 这个原理可以用来观察一卦中的阳爻和阴爻的关系。邢璹《注》云："自此已下明至少者为至多之所主，岂直指其中爻而已。"邢氏是说这个原理当运用于六爻全部，至少者也可以位在初、上，不止在二、五中爻或中四爻而已。　[2] 六十四卦中"五阳而一阴"的卦，有同人☲、大有☲、小畜☴、履☱、夬☱、姤☴六卦。邢璹《注》云："同人、履、小畜、大有之例是也。"邢氏未举夬、姤两卦。　[3] "五阴而一阳"的卦，有师☵、比☵、剥☶、复☳、谦☶、豫☳六卦。邢璹《注》云："师、比、谦、豫、复、剥之例是也。"上述十二卦从一般原理来说，都是少者为多者之主，而见诸王弼《周易注》的实际解释，情况十分复杂。十二卦

可分三种情况：第一种情况是一阳或一阴居于二、五位，师、比、同人、大有。这种情况下，一阳或一阴又因为二、五中位而获得意义，所以是最明确的、强势的卦主。例如比卦九五，阳当位得中，在君位发挥作用。《象》云"下顺从"，"以刚中"，王弼注云："使永贞而无咎者，其唯九五乎？"孔颖达疏云："以九五为比之主，刚而处中。""在下之人，顺从于上，是相辅助也，谓众阴顺从九五也。"师卦九二，阳得中而不当位，在臣位发挥作用。《象》云"刚中而应，行险而顺"，王弼注云："以刚居中而应于上，在师而得其中者也。承上之宠，为师之主。"九二虽不当位，但是恰好上应六五，阴阳相应。同人卦六二，阴当位得中，居臣位。《象》云"柔得位得中而应乎乾"，王弼注云："二为同人之主。"孔颖达疏云："柔得位得中者，谓六二也；上应九五，是应于乾也。"大有卦六五，阴得中而不当位，在君位，《象》云"柔得尊位大中，而上下应之"，王弼注云："处尊以柔，居中以大，体无二阴以分其应，上下应之，靡所不纳，大有之义也。"阴本性是被动的、应阳的，大有卦只有一阴，这个阴居于最尊贵的五，所有的阳都被吸纳到这个阴里，为其所有，所以叫大有。第二种情况是一阳或一阴居于三、四位，小畜、履、谦、豫。这种情况下，三、四也有位，但都不是中位，虽为卦主，主导性不如二、五强势。例如谦卦九三，阳当位，王弼注云："处下体之极，履得其位，上下无阳以分其民，众阴所宗，尊莫先焉。"豫卦九四，阳不当位，王弼注云："处豫之时，居动之始，独体阳爻，众阴所从，莫不由之以得其豫。"小畜卦六四，柔当位，《象》云"柔得位而上下应之"，王弼注云："谓六四也，成卦之义在此爻也。体无二阴以分其应，故上下应之也。"履卦六三，柔不当位，《象》云"履，柔履刚也"，王弼注云："凡象者，言乎一卦之所以为主也。成卦之体在六三也。……三为履主，以柔履刚，履危者也。"第三种情况是一阳或者一阴居于初、上爻，在王弼看来，初、上爻是无位的。判断无位的爻，应从全卦始终的发展趋势着眼，阳居之尚可以保全，阴居之则会有危厉之事发生。复卦初九，王弼注云："最处复初，始复者也。"居于卦之始的这一阳爻，被看作是仁，是复卦的卦主，主导了未来的发展趋势，连当位得中的六二，也要往下来附顺这个仁。剥卦上九，王弼注云："处卦之终，独全不落，故果至于硕而不见食也。"居于卦之终的这一阳爻，仅能保全自身而已。至于夬、姤两卦，阴居初、上爻，都不能发挥正面的作用。夬卦上六，《象》云"柔承五刚也"，王弼注云："刚德其长，一柔为逆，众所同诛而无忌者也。"姤卦初六，《象》云"柔遇刚也"，王弼注云："一女而遇五男，为壮至甚，故不可取也。"这一阴爻必须有所牵系，使其归于柔之正道。夬、姤两卦在上述十二卦中等级最低，功用是负面的，邢璹在举例时故意漏举了这两卦。举出这两卦是十分必要的，王弼说的一爻为主，讲的是一卦六爻的结构性关系，是说这一爻在结构中抽象地发挥主导作用，而其涉及的内容并不非得是吉的、亨的，如夬、姤虽处在一阴为逆五阳的境况，依然可以看出全卦的结构是以其为中心的。　[4]求，求其相应。邢璹《注》云："王弼曰：'夫阴阳相求之物，以所求者贵也。'"　[5]一、只，都是只有一爻的意思。阳爻为贵，阴爻为贱。阴爻虽贱，因为其处于一多之际，也可以为卦主。邢璹《注》云："王氏曰：'阳贵而阴贱，以至少处至多之地，爻虽贱，众亦从之。小畜《象》云'柔得位而上下应之'是也。"按此段文字只涉及六爻中阴阳爻一比五的情况，可视为典型的一爻为卦主。推而言之，二比四、三比三，也应该能够根据爻位、爻与爻的关系，找出其主导的因素，确认一爻为卦主。　[6]遗，不用。二体，指六十四卦每一卦都是由八个单卦上下相重而成。八单卦为乾☰、坤☷、震☳、巽☴、坎☵、离☲、艮☶、兑☱，各有其德、象、义，两两相重，则构成一个组合意义。邢璹《注》云："遗，弃也。弃此一爻而举二体，以明其义。卦体之义不在一爻。丰、归妹之类是也。"邢璹所举例的丰☲☳，是离下震上，离为火，为明，震为雷，为动，《象》云："丰，大也。明以动，故丰。"意思是说，丰卦的大义，是光明越动越大的意思。归妹☱☳，是兑下震上，兑为少女，为悦，震为长男，为动，《象》云："归妹，天地之大义也。天地不交而万物不兴，归妹，人之终始也，说以动，所归妹也。"意思是说，归妹是男女相交，就像天地相交而万物生一样。按以二体论卦义可以看作通例，不限于丰、归妹两卦；其与以一爻论卦义，也可以参互并行。

象能执一。葛洪《抱朴子·地真篇》云："人能守一，一亦守人。"

繁而不忧乱，变而不忧惑，约以存博，简以济众，其唯象乎[1]！乱而不能惑，变而不能渝，非天下之至赜，其孰能与于此乎[2]！故观象以斯，义可见矣[3]。

### ［注释］

[1]邢璹《注》云："简易者，道也，君也。万物是众，道能生物，君能养民。物虽繁而不忧错乱，爻虽变不忧迷惑。"《系辞下》"杂物撰德"节韩康伯注亦有"约以存博，简以兼众"二句，孔颖达疏云："云'约以存博，简以兼众'者，唯举中爻，是约是简；存备六爻之义，是存博兼众也。"孔说更为确切。　[2]渝，变动。赜，幽深，在此指深赜、至赜之理。邢璹《注》云："万物离杂，不能惑其君，六爻虽变，不能渝其主。非天下之至赜，神武之君，其孰能与于此？言不能也。"邢注牵扯到"神武之君"，

可以看出他的解释思路，简易者，既是道，又是君，用这两者同时对应王弼说的一。　[3]斯，指至赜之理。义，六十四卦之义。邢璹《注》云："观象以斯，其义可见。"

### [ 点评 ]

《周易略例》是讲解如何解读《周易》的凡例，为了读者更好地理解，我们首先概略介绍一下《周易》的文本结构。

通行的《周易》一书，由《易经》与《易传》两部分组成。直到两汉之际，《周易》都是十二篇，两篇经文——上经三十卦，下经三十四卦，合称"六十四卦"；十篇传文——彖上、彖下、象上、象下、文言、系辞上、系辞下、说卦、序卦、杂卦，合称"十翼"。

东汉郑玄在注《周易》的时候，改变了此前的编排，他把《彖》《象》《文言》这三种传，分别排列在六十四卦的每一卦的经文部分之后，其体例即如通行本的乾卦的编排方式，先是卦体、卦名，然后是卦辞、爻辞，在经文之后，列出《彖传》《象传》《文言传》文。

王弼在郑玄的基础上又细化了经传的编排，把《彖》分次在六十四卦的每一卦的卦辞之下；《象》的大象传，排在《彖传》之后，次列在每卦卦辞之下，六爻之前；而小象传则次列在六爻之下；《文言》依旧放在乾、坤二卦之后，没有拆分到六爻。通行本自坤卦以下，经传文本都是按王弼的新排法。

王弼的《周易略例》是说明其解释《周易》的体例，他在说明体例时默认新编排的文本结构。《周易略例》共七章：第一"明象"，第二"明爻通变"，第三"明卦适变通爻"，第四"明象"，第五"辩位"，第六"略例下"，第七"卦略"。这七章都是紧扣着《周易》的结构来说的，不是独立的文本，且需要对照王弼《周易注》，才能使这些概要性的体例细化到具体的解释当中。

第一章"明象"。什么是象？象是易作为占筮术的一项最重要的功能。占筮时先通过筮法得到一个六爻的卦体，然后筮人根据所得卦体，判断出吉凶之意。这一功能即是象。象，断也。经由象这一功能，进而形成相应的卦辞、爻辞。传统上易之经文的卦辞部分，也称"象辞"，传文中的《象传》则是专门解释卦辞的，故此象用指文本时，有时指属于经文的"象辞"，有时指属于传文的《象传》。王弼"明象"，明的是前者还是后者？我认为都不是，王弼所明的是"象"这一功能，这一功能的实现，需要卦体、卦辞以及《象传》，把几个环节贯通起来，才能得到预期的解释效果。

象要根据卦体判断吉凶之意，吉凶之意体现在一套术语中。刘师培《经学教科书》总结为象辞十二字：元、亨、利、贞、吉、凶、悔、吝、厉、孚、无咎。十二字既见诸卦辞，也见诸爻辞，它是体现在卦的整体中的。如果我们只是就卦爻辞的文本来看吉凶之意，它是表达在某种事态中，这种事态和卦名相一致。这有分殊的意义，我们看到乾卦有"利"，坤卦也有"利"，但是这两个"利"体现在乾、坤不同事态中，一定是既有同又有异。进而说，当初制作卦爻辞的人，是根据什么原理呢？原理应该蕴含在卦体中，这些具体的卦辞、爻辞背后应该有一个抽象的理。王弼"明象"，就是要把这个背后的理揭示出来。

在本章中，王弼首先把每一卦都看作是一个有机整体，有机整体的运作遵循着理。这个理在卦的深层蕴含着，它按照每一卦的特有的结构，按照执一御多的方式发挥其功能。在卦中观察这个理，就要抓住关键的一爻，这也就是王弼著名的"一爻为主"说。所谓"一爻为主"，即是说全卦的意义是由其中的一爻主导的。不过，不是说这一爻的意义就代表了全卦的意义，甚至表面看这一爻的意义未必与全卦的主旨一致。之所以选定这一爻，关键在这一爻在全卦的结构中占据的地位，它是全卦运作的枢纽。

一个有机整体一定具有一与多的结构，其中的一起主导作用，一是这个有机整体的统、本，亦可谓之宗、元。无论观察天地的运动，还是卦体，都要先把握这个结构中的一。把握这个一的方法，首先要从每个卦的卦名，得到这一卦的主旨，也就是义之主；其次观察卦辞，从而得到关于这一卦的吉凶的判断。这即是象的功能的体现，也即是"贞夫一"。

在由卦名、卦辞把握一之外，同样重要的是把这个一对应到卦体上，也就是一爻以及这一爻与其他诸爻的关系上。按卦体的六爻结构来确立卦主。

王弼具体说明了两种确立卦主的方式：一种是最典型的，一卦六爻中，只有一爻为阳或一爻为阴的，即以此一爻为主。如邢璹注文所列举的，这种典型的一爻可以有很多种变化。一种是无法确指一爻，而依据上下两体确定一卦大义。

值得注意的一点，这种一与多的关系，显然是在一卦六爻之内的，并不是超越在六爻之外有一个本体的一，来统御六爻。这一爻之所以为主，是按这一爻与其他五爻的结构关系来确定的。也就是说，这一爻与其他五爻同属一个有机整体的结构，但是这一爻在结构中的位置是独特的，使其能发挥主导功能。这种宇宙论的一多关系，与后来中国哲学中"理一分殊"式的本体论的一多关系，截然不同。

值得注意的另一点，按照六爻结构确定的卦主，与按照卦名、卦辞确定的卦主，二者也有可能是不一致的。王弼对于象统一卦之义的解释，其实协调了两重可能性，除了一爻为主、上下体之外，还有根据卦名、卦辞，也就是前节说的"举卦之名""观其象辞"。王弼把一卦之义划分为两个层次：一是系辞前的纯卦体所蕴含的意义，一是系辞后由言所表达的意义。如何将这两层意义统一起来，正是王弼易学的关键问题之一。

象统一卦之义，使一卦的意义"贞夫一"，但这个一不是"无"，也不是"静"，这一点是王弼注《易》与注《老》的重要不同之处。王弼注《老》时说，"有之所始，以无为本"（《老子注》四十章），"由无乃一，一可谓无"（《老子注》四十二章）。如果这个可以谓之无的一，等于王弼解释大衍之数中那个不用的一，倒是可以说得通，但是如果以其等于这里一爻为主的一，则说不通。

# 明爻通变

夫爻者，何也？言乎变者也[1]。变者何也？情伪之所为也[2]。夫情伪之动，非数之所求也[3]。故合散屈伸，与体相乖。形躁好静，质柔爱刚，体与情反，质与愿违[4]。巧历不能定其算数，圣明不能为之典要，法制所不能齐，度量所不能均也[5]。为之乎岂在夫大哉[6]！

情伪是变化的源头活水。

[注释]

[1]言乎，就是表示出，万物的具体变化被爻以抽象的方式表示出来。本章末句"爻以示变"，言、示是一个意思。邢璹《注》云："将释其义，假设问辞。""爻者，效也。物刚效刚，物柔效柔，遇物而变，动有所之，故云言乎变者也。" [2]此二句意为，情伪导致了变化。什么是情伪？情伪，概指变化中的事态具有多

样性和不确定性。情为真，伪为假。在《系辞》中，情伪与远近、爱恶为同样的语义结构，指从真到假两端之间的各种可能性，犹如远近之间、爱恶之间有各种可能性一样。现实生活中的种种事态都是处在两端之间的，亦即正在变化中的。邢璹《注》云："变之所生，生于情伪；情伪所适，巧诈多端，故云情伪之所为也。"邢氏解释情伪，偏执于虚伪、巧诈一端。《系辞上》"情伪相感而利害生"，孔颖达疏云："情，谓实情。伪，谓虚伪。"则兼取两端。　[3]数，占筮之数。六爻都是用数求出的，但当每一爻关联于事的时候，其所表示的是来自于事的变化，也就是情伪导致的变化。数所能求的是恒定的理，而情伪造成的是变化中的事。邢璹《注》云："情欲伪动，数莫能求。"　[4]"合散屈伸"，在此应指六爻相互之间的关系情态。"与体相乖"，意指卦体显示的是合，但是不排除其中的爻、爻与爻之间会有散的关系，以此类推。"形躁""质柔"，都是从卦体说，或者从理来说；"好静""爱刚"，都是就爻的具体表现说，或者从事、情伪来说。"质与愿违"，质，合理的、应当的；愿，自己意欲的。邢璹《注》云："物之为体，或性同行乖，情貌相违，同归殊途，一致百虑。故萃卦六二'引吉，无咎'，萃之为体，贵相从就，六二志在静退，不欲相就。人之多辟，己独处正，其体虽合，志则不同，故曰合散。乾之初九'潜龙，勿用'，身虽潜屈，情无忧闷，其志则申，故曰屈伸。""至如风虎云龙，啸吟相感，物之体性，形愿相从。此则情体乖违，质愿相反。故归妹九四'归妹愆期，迟归有时'，四体是震，是形躁也；愆期待时，是好静也。履卦六三'武人为于大君，志刚也'；兑体是阴，是质柔也；志怀刚，武人为于大君，是爱刚也。"　[5]历，计算。巧历，精于筮法计算的人。算，算数，筮法计算出来的数。圣明，有圣人之智慧者。典要，恒常的标准。邢璹《注》云："万物之情，动变多端，虽复巧历圣明，不能定算其数，制典法，立要会也。""虽复法制、度量，不能均齐诈伪长短。"按此数句的意思是说，情伪之动造成的变化，都具有偶然性。通常我们认为，不管具体的事物再变化多端，也不会超出普遍的理的范围。但王弼认为，就事而言，变化的偶然性是理不能把握的。〔6〕为之，即把握情伪之动。大，即卦体，卦为大，爻为小。这里的大，亦指上述算数、典要、法制、度量之类普遍的理。此句意为，要把握情伪造成的变化，仅仅靠这些大的理是不够的。邢璹《注》云："情有巧伪，变动相乖，不在于大，而圣明巧历尚测不知，岂在乎大哉！"邢说未能分辨大小，圣明巧历，可以知大，但不能知小。这也是为什么在明卦之后还必须明爻的道理。

陵三军者，或惧于朝廷之仪；暴威武者，或困于酒色之娱[1]。近不必比，远不必乖[2]。同声相应，高下不必均也。同气相求，体质不必齐也[3]。召云者龙，命吕者律[4]。故二女相违，而刚柔合体[5]。隆墀永叹，远壑必盈[6]。投戈散地，则六亲不能相保[7]；同舟而济，则胡越何患乎异心[8]。故苟识其情，不忧乖远。苟明其趣，不烦强武[9]。能说诸心，能研诸虑[10]，睽而知其类，异而知其通，其唯明爻者乎[11]？故有善迩而远至，命宫而商应；修下而高者降，与彼而取此者服矣[12]。

同中有不同。和实生物，同则不继。

### ［注释］

[1] 陵，乘乎其上。暴，显露。陵三军、暴威武，都是刚健之爻，而在此刚健，在彼或惧于、困于阴柔。邢璹《注》云："陵三军，暴威武，视死如归；若献酬、揖让，汗成霹雳。此皆体质刚猛，惧在微小。故大畜初九'有厉，利已'，九二'舆说辐'。虽复刚健，怯于柔弱也。"这种差异当依据一卦中爻与爻的关系来观察。举未济䷿为例，四、五、上三爻即包含上述关系。九四"震用伐鬼方，三年有赏于大国"，可谓"陵三军"，然其上惧于六五"朝廷之仪"；上九乘于六五之上，可谓"暴威武"，然其饮酒濡其首，则是"困于酒色之娱"。　[2] 近，指相邻近之两爻，可以是上比，可以是下比，好的情况是亲比，或相主从，或相辅助；但也有不好的情况，或乘或逆。远，指不相邻之两爻，可以通过二五、初四、三上构成相应的关系。如果是相应的，则虽远而不相乖离；而如果不相应，则可能乖离。此二句意为，解释的原则当按照具体的情况有所变化，不能僵化为教条。邢璹《注》云："近爻不必亲比，远爻不必乖离。屯六二、初九爻虽相近，守贞不从；九五虽远，十年乃字，此例是也。"　[3] "同声相应""同气相求"出自乾《文言》："子曰：'同声相应，同气相求；水流湿，火就燥；云从龙，风从虎。'"天地之间万物相感而生，感应的基本原则是同声、同气，但实际发生是多样化的，可以同类相感，也可以异类相感，可以物物相感，亦可以人物、人人相感。王弼在此所说，指爻与爻之间体现着这种相互感应的关系。邢璹《注》云："初四、二五、三上，同声相应，不必均高卑也；同气相求，不必齐形质也。"　[4] 龙、云，律、吕，都含有同声相应、同气相求之理，而相互感应中又必有主与从的关系。故而龙召云，而非云召龙；律命吕，而非吕命律。十二律中六律是阳声，六吕是阴声。律以统气类物，吕以旅阳宣气，律吕唱和，以

育生成化。十二律的原理与易道一致。邢璹《注》云："云，水气也。龙，水畜也。召水气者水畜，此明有识感无识。命阴吕者阳律，此明无识感有识。"天，无识；物，有识。 [5]"二女相违"，是说睽䷥、革䷰那种二女同居，其志不同行、其志不相得的卦象。这是从上下体来看，而若从中爻来看，这两卦都是二五相应，因此又是刚柔合体。邢璹《注》云："二女俱是阴类而相违，刚柔虽异而合体，此明异类相应。"按这里说的还是同类相感，是说同为阴类的情况下，转化其关系，使其同中有异，如同异类相应。 [6]隆，高起。墀，宫殿的台阶。隆墀指庙堂之上。庙堂之上发出的长叹声，在遥远的林壑之中都能盈满。这是指君王发出的求贤之声，为山林中的隐士听到，相与呼应。邢璹《注》云："隆，高也。墀，水中墀也。永，长也。处高墀而长叹，远壑之中盈响而应。九五尊高，喻于隆墀；六二卑下，同于远壑，唱和相应也。"邢氏大义通达，但解释墀字不确。古本墀或作坻，坻才是水中高地。在这里隆墀对应九五，位在庙堂。 [7]投戈，弃兵戈，不战斗。散地，特指战场，诸侯在自己的土地上打仗，其战场称为散地。"投戈散地"，意思是说在自己的土地上打仗，士卒怀土恋家，很容易放下武器而逃散。六亲关系至近，然其若离散而不能统率如一，其结果必然是不能相互保全。邢璹《注》云："投，置也。散，逃也。置兵戈于逃散之地，虽是至亲，不能相保守也。遯卦九四'好遯，君子吉'，处身于外，难在于内。处外则超然远遯，初六全亲，不能相保守也。"用遯䷠之初、四爻的关系来说明。 [8]以上两例，均典出《孙子》。《孙子·九地》云："诸侯自战其地，为散地。……散地则无战。"又云："夫吴人与越人相恶也，当其同舟而济，遇风，其相救也如左右手。"胡，本或作吴，据《孙子》当作吴。王弼援用其善用兵者，率然若一之理。邢璹《注》云："同在一舟而俱济彼岸，胡越虽殊，其心皆同。若渐卦三、四，异体和好，物莫能间，顺而相保，似若同在一舟；上下殊体，犹若胡越，利用御寇，何患乎异心？"用渐䷴之三、四爻的关系来说明。　[9]情，指投戈散地、同舟共济的具体情况。"不忧乖远"，意思是说不能片面地喜近而忧远，近可能六亲不能相保，远却可能同舟共济。趣，发展趋势。强武，强制、武力。邢璹《注》云："苟识同志之情，何忧胡越也；苟知逃散之趣，不劳用其威武也。"遯卦既有离散的意思，同时也有君子好遯而吉的意思，若知其志向，嘉美其遯，听其肥遯，则不烦强武也。　[10]此二句出自《系辞下》："能说诸心，能研诸侯之虑，定天下之吉凶，成天下之亹亹者。"按韩康伯注，诸心，指万物之心；诸侯之虑，则为诸侯治万物之思虑。说，同"悦"。邢璹《注》云："诸物之心，忧其凶患，爻变示之，则物心皆说。诸侯之虑，在于育物，爻变告之，其虑益精。"　[11]睽，乖违。从各爻的表面相互关系看，可能是睽、异，但是其深层关系未必不是同、通、类。这一深层关系才是一卦六爻作为一个有机整体真正发挥其功能，从而兆示吉凶祸福的根本结构。爻所示之变，往往内含着辩证性。虽违，可以合体；虽近，不能相保；虽远，可以同心。邢璹《注》云："睽《象》曰'万物睽而其事类也'，'男女睽而其志同也'。""知取舍，察安危，辩吉凶，知变化，其唯明爻者乎？"　[12]善，修治，又作"缮"。修治好自身的德行、言语，远方的人们自然会来归服、响应。这就像宫声发于此，则商声应于彼，宫商上下相应而成文。与、取，都是指主动和好的行为。取，通"趋"。承上句"修下而高者降"，修下者志在高者，即是与彼，而高者降恩下者，即是取此。上下构成相向、相应的关系。服矣，天下服矣。邢璹《注》云："善，修治也。迩，近也。近修治言语，千里远应。若中孚之九二'鸣鹤在阴，其子和之'，鸣于此，和于彼，声同则应，有若宫商也。""处下修正，高必命之。否之初六'拔茅，贞吉'，九四'有命，畴离祉'也。与，谓上也。取，谓下也。君上福禄不独有之，下人服者，感君之德，大有六五'厥孚交如、威如，吉'之例是也。"

是故情伪相感，远近相追，爱恶相攻，屈伸相推[1]，见情者获，直往则违[2]。故拟议以成其变化，语成器而后有格[3]。不知其所以为主，鼓舞而天下从者，见乎其情者也[4]。

鼓舞而见情，美哉！

[ **注释** ]

[1] 此四句出自《系辞下》："是故爱恶相攻而吉凶生，远近相取而悔吝生，情伪相感而利害生。""日往则月来，月往则日来，日月相推而明生焉。寒往则暑来，暑往则寒来，寒暑相推而岁成焉。往者屈也，来者信也，屈信相感而利生焉。"邢璹《注》云："正应相感是实情，蹇之二、五之例。不正相感是伪情，颐之三、上之例。有应虽远而相追，睽之三、上之例。无应近则相取，贲之二、三之例是也。""同人三、四，有爱有恶，迭相攻伐。否、泰二卦，一屈一伸，更相推谢。" [2] 此二句意为，能观察出情伪、远近、爱恶、屈伸之间的变化之情者，有所收获，亦即获得爻的指示；而不能叩其两端，唯固执一端者，与爻的指示相违背。邢璹《注》云："获，得也。见彼之情，往必得志。屯之六四'求婚媾，往吉，无不利'之例。不揆则往，彼必相违。六三'即鹿无虞，惟入于林中，君子几不如舍，往吝'之例是也。" [3] 此二句出自《系辞上》："拟之而后言，议之而后动，拟议以成其变化。"《系辞下》："动而不括，是以出而有获，

语成器而动者也。"邢璹《注》云："格作括，括，结也。动则拟议极于变化，语成器而后无结阂之患也。"这里的文本需要校订，"语成器而后有格"在唐石经本作"语成而后有格"，当从石经本，王弼的意思是说，拟议而后语成，语成而后可以格正，检验其是非虚实。拟议，拟议出卦爻辞。格，格正，衡量。    [4]此三句意为，易道虽然发挥着主导作用，鼓舞万物，使天下皆从之，但是易道本身却是无体的，我们无法知道易道本身，只能观察它发挥作用的种种情况。邢璹《注》云："鼓舞，犹变化也。易道变化，应人如响；退藏于密，不知为主也。其为变化，万物莫不从之而变，是显见其情。《系辞》曰：'圣人之情见乎辞。'又曰：'鼓之舞之以尽神。'"

上下四方曰宇，古往今来曰宙。

是故范围天地之化而不过，曲成万物而不遗，通乎昼夜之道而无体，一阴一阳而无穷。非天下之至变，其孰能与于此哉[1]！是故卦以存时，爻以示变[2]。

[ 注释 ]

[1]此六句出自《系辞上》："范围天地之化而不过，曲成万物而不遗，通乎昼夜之道而知，故神无方而《易》无体。一阴一阳之谓道。""阖户谓之坤，辟户谓之乾；一阖一辟谓之变，往来不穷谓之通。""参伍以变，错综其数，通其变，遂成天地之文；极其数，遂定天下之象。非天下之至变，其孰能与于此？"这几句的大意是说，易道给与天地变化以规范，天地变化皆包括在易道之内；易道又乘变应物，不系一方，尽各种可能以使万物长

成。"通乎昼夜之道而无体"，是说易道通过昼夜显示道的变化，没有固定不变的体。"一阴一阳而无穷"，则是说一阴一阳之道，穷则变，变则通，通则久，其往来变化是无穷极的。"天下之至变"，在这里指的卦爻所显示的数与变两方面的无穷极的变化。邢璹《注》云："范，法也。围，周围也。模范周围天地变化之道而不过差，委曲成就万物而不有遗失。""阳通昼，阴通夜。昼夜，犹变化也。极神妙之道而无体可明。一者，道也；道者，虚无也。在阴之时，不以生长而为功；在阳之时，不能生长而为力，是以生长无穷。若以生长为功，各尽于有，物之功极，岂得无穷乎？""非六爻至极通变，以应万物，则不能与于此也。"[2]邢璹《注》云："卦以存时，爻以应变。"这两句承上启下，本章阐明在观察六爻时如何辨识爻所指示的变化，即"爻以示变"，而下章将阐明爻的变化是适时而变，而时是由卦所指示的，即"卦以存时"。

[ **点评** ]

王弼在"明象"章提出"一爻为主"说，为一卦找到起主导作用的核心、枢纽，还必须有为它所统御的各个部分，也就是其他各爻。从一爻到六爻，从卦名到卦辞、爻辞，是一个从一到多，变化越来越复杂的过程。"明爻通变"章用一句话概括，即"爻以示变"，或称之为"爻变说"。王弼认为，爻是用来揭示变化的，对爻的解释没有一成不变的模式。在一卦之中，爻既有固定之位，又有相互之间的往来交通，爻的意义也因此变动不居。这一章简要论及多种爻的往来交通、变动不居的情况。

这一章的一个重要观点，即变化的根源在于"情伪"，而"情伪"之动，是各种数度法则不能完全测度的。"情伪"概念本于《系辞下》"情伪相感而利害生"。

六十四卦的每一卦都是一个有机整体。整体意味着构成一卦的每个部分都不能完全独立地说明之，必须依据部分与部分之间的关系，以及全卦的结构。更为关键的是这个整体应该是一个有机体。所谓有机体，意味着它像有生命物一样朝向一个自身的目的不断生长，且总是一次性的形成意义。如果是无机体，则六十四卦的每一卦的每一次占筮应该是重复出现同样的结果；而作为有机体，每次的结果将既有相同又有不同，它是日新的。为什么会有日新变化呢？因为易会运用在无数的事中，事是占筮的缘起。比如我们因为甲事而贞问，得到A卦，又因为乙事贞问，亦得到A卦，这两种情况下A卦兆示给我们的意义一定有同有异。这个来源于事的变化因素，即是"情伪"。

前章"明象"所确定的是这个有机体的中枢，而这个有机体还有伸向万事万物的许多触角，即是爻。六十四卦共三百八十四爻，它们是真正连接到事上的。爻是表示变化的，这个变化的来源是"情伪"，而"情伪"是由万事万物所表现的。

通常我们讲王弼易学，更关注其抽象本体的层面，而忽视万事万物这一端的"情伪"。不是说我们掌握了抽象的本体，然后像套用公式做应用题一样，从一演绎到多，或者说执一御多，举本统末，这样就足够了。源自事物的情伪是现实的、独立的、有偶然性的，它会从触角一端把变化传导到中枢，使同样的一卦也能产生千变万化。

由爻所表示的"情伪"变化，表面看上去相矛盾，实际上是可以统一的。依"明象"来说，象确定一卦的大义，且以此大义统御全卦。而象所依据的是卦体，或者卦中为主的一爻。但是，就六爻——包括那个被视为卦主的一爻——来说，它们直接受事物的感应而生变化，因为事物是多样的、偶然的，爻的变化亦因此没有一成不变的形式。卦是示常的，而爻是示变的，常与变构成了一种辩证关系。

"卦以存时，爻以示变"，则天下所有的变化都能为易所摹拟。"情伪"变化通过爻传达进卦中，一定仍受到卦之大义的统御，这种统御就像把变化纳入一个"时"的系统中，如同四时统御万物生长一样，只要顺时，则万物生生，不会被伤害；同时也正在于顺时，才可以让事物完全发育出来。

《周易略例》说爻，除这一章，下面还有"辩位"章，可以结合着看。位更多是预设的、稳定的因素，爻更适应"情伪"变化。或者说，每一爻都有其位，有与其他爻的相互关系，有主、有从，这些揭示的是静态结构。在实际的运作中，还必须结合"情伪"变化而动态把握爻的功能意义。

# 明卦适变通爻 [1]

合理的不一定是吉的；不合理的不一定是凶的。

夫卦者，时也；爻者，适时之变者也 [2]。夫时有否泰，故用有行藏 [3]；卦有小大，故辞有险易 [4]。一时之制，可反而用也；一时之吉，可反而凶也 [5]。故卦以反对，而爻亦皆变 [6]。是故用无常道，事无轨度，动静屈伸，唯变所适 [7]。故名其卦，则吉凶从其类；存其时，则动静应其用 [8]。寻名以观其吉凶，举时以观其动静，则一体之变，由斯见矣 [9]。

[注释]

[1]"明卦适变通爻"可以看作主题是"明卦"，副题是"适变通爻"。明象、明爻、明卦、明象，为《周易略例》有主干意

义的四部分。适变，指爻适应卦时而变。上章"明爻通变"，是说爻与情伪之变的关系；此章"明卦适变通爻"，是说在卦存时的前提下，爻当适卦时而变，在这个意义上解说卦通爻，亦即卦与爻的关系。某通某，意指二者贯通之关系。诸本或有作"明卦通变适爻"，或只作"适变通爻"，均不恰当。　[2]卦的时，概言这一卦所显示的时间、空间特性及其运动之势。如在屯卦，亦谓在屯时。《释名》曰："四时四方各一时。时，期也。物之生死，各应节期而止也。"六十四卦每一卦都有自己的时，这个时和这一卦的大义相应。爻之适时，是说卦中的爻要适应卦时而变化。六爻指示着卦时的整体结构和走向，一爻则指示当下其人、其事所在卦时的一个节点。就卦体来说，时是从始到终的过程；就一爻来说，时又是一个稍纵即逝的时刻，是需要及时把握的时机。邢璹《注》云："卦者，统一时之大义；爻者，适时中之通变。"　[3]在泰之时，天地交而万物通，故而可以出行。在否之时，天地不交而万物不通，故而应该归藏。这是讲卦的整体趋势。邢璹《注》云："泰时则行，否时则藏。"　[4]此二句出自《系辞上》，意思是说卦的整体趋势，或者阳逐渐大，或者阴逐渐大，相应的卦爻辞，也会体现出悦易或者难险的不同特点。邢璹《注》云："阴长则小，阳生则大。否卦辞险，泰卦辞易。"按上述四句是说卦时决定着卦的发展，若行藏、险易，都是顺应卦时，或者说是正而用之。　[5]制，断也。"一时之制"，即对于一卦时义的确定，泰时、否时之类。"可反而用也"，即卦时为体，其用既可如上述行藏、险易，正而用之，亦可以相反的方式而用之。用，施行或应对，由卦体所实现出的功能、效果，如坎以险为用。用必以时，因时为用，故而可以与体相反。邢璹《注》云："一时有大畜、比、泰之制，反有天衢、后夫、复隍之用。一时有丰亨之用，反有羁旅之凶也。"就"一时之制"而言，大畜时义在止，而其用又为通达四方之"何天之衢",此即所谓"可反而用也"。同理,比时义在亲比,而"后夫"独来无亲,没有可比之人;泰时义在交通,而"城复于隍",则转变为闭塞。"一时之吉,可反而凶也",也是说在一卦之内,其大义为吉,而其见诸用亦可以为凶。　[6]"故卦以反对",聚乐堂本、《汉魏丛书》本作"故卦有反对",意思更明确。卦有反对,即是说一卦中有体用相反、吉凶相反。正常情况下,卦与爻是一致的,如果出现这种卦有反对的情况,对于爻的解释则要因时而变,不能拘泥常法。邢璹《注》云:"诸卦之体两相反正,其爻随卦而变,泰之初九'拔茅汇,征吉',否之初六'拔茅汇,贞',卦既随时,爻变亦准也。"与前一注相关,按邢氏的解释,王弼不仅是讲一卦之内的卦与爻、体与用,更涉及卦与卦,"卦以反对"是说卦与卦之间有覆、变的反对关系。比如丰与旅为覆卦,泰与否既为覆卦又为变卦。这种反对关系,同样影响了对于卦、爻的解释。比如泰变为否,爻也随之变,泰初九变为否初六,爻辞中都有"拔茅汇",其涵义应当随卦时的变化而变化。　[7] 此四句是总结上面的意思,体是有常道的,而用是无常道的;同理,理是有轨度的,而事是无轨度的。用、事看似无常道、无轨度,其实都是动静、屈伸变化的结果,而动静、屈伸背后则是卦时的变化。适,适合,契合于时,无过与不及。邢璹《注》云:"卦既推移,道用无常,爻逐时变。故事无轨度,动出静入,屈往伸来,唯变所适也。"　[8] 卦体可以从名、时两方面看。"名其卦",即为卦体起卦名,则万事万物中的吉凶都会各从卦名之类,不再是泛言吉凶,而是言谦之吉、比之吉,蹇之凶、剥之凶。一卦除了有名,又含时。"存其时",即把握卦的总的时义,则各种动静、屈伸变化都将应合卦时而实现,不是泛言动静,而是言震之动、艮之静。邢璹《注》云:"名其谦、比,则吉从其类;名其蹇、剥,则凶从其类。震时则动应其用，艮时则静应其用。"[9]邢璹《注》云："寻谦、比、蹇、剥，则观知吉凶也。举艮、震，则观知动静也。"邢氏是分别举例，其实六十四卦每一卦都有"寻名以观其吉凶，举时以观其动静"的问题。一卦成体，继而名其卦，存其时，进而是吉凶、动静之变，六爻则唯变所适。"一体之变，由斯见矣"。

夫应者，同志之象也[1]；位者，爻所处之象也[2]；承乘者，逆顺之象也[3]；远近者，险易之象也[4]；内外者，出处之象也[5]；初上者，始终之象也[6]。是故虽远而可以动者，得其应也[7]；虽险而可以处者，得其时也[8]；弱而不惧于敌者，得所据也[9]；忧而不惧于乱者，得所附也[10]；柔而不忧于断者，得所御也[11]；虽后而敢为之先者，应其始也[12]；物竞而独安于静者，要其终也[13]。故观变动者，存乎应[14]；察安危者，存乎位[15]；辩逆顺者，存乎承乘[16]；明出处者，存乎外内[17]。远近终始，各存其会，辟险尚远，趣时贵近[18]。

圣人所忧在人，忧人之在世多艰险。

[ **注释** ]

[1] 上节言卦一体之变，以下则言适变通爻。应，初与四、二与五、三与上，若二爻一阴一阳，谓之相应。邢璹《注》云："得

应则志同相和。"王弼《周易注》中有阴阳相应为同志之例，亦有泰三阳同志、暌初与四同志之例。焦循《易通释》考证"同"，或为相同之同，或为相通之同，当依不同的卦做具体分析。所谓象，是外显出意义的、可以观察的表征形态。《周易》中的象可以分为两大类，一为实体之象，如天、地、风、雷、水、火、山、泽，又如日月、龙马之属；一为关系之象，如失得之象、忧虞之象、进退之象、昼夜之象。本文所说的同志之象、爻所处之象、逆顺之象、险易之象、出处之象、始终之象，都是通过爻与爻的关系所表征出的关系之象。　[2]位，一、三、五爻为阳位，二、四、六爻为阴位。按王弼说，初、上二爻无位，但在分析爻的关系时，仍须按初阳位、上阴位看待。邢璹《注》云："阴位，小人所处；阳位，君子所处。"　[3]承乘，下爻对上爻，为承；上爻对下爻，为乘。阴承阳为顺，阴乘阳为逆。同理，阳乘阴为顺，阳承阴为逆。邢璹《注》云："阴承阳则顺，阳承阴则逆。故小过六五乘刚，逆也；六二承阳，顺也。"　[4]远近，此指爻之间的远近，通常两爻比邻为近，中间有间隔为远。邢璹《注》云："远难则易，近难则险。需卦九三近坎，险也；初九远险，易矣。"需卦上体坎，坎为险，自下体乾来说，初九距离坎险远，九三距离近。　[5]下卦为内，上卦为外。二者常有对应关系，如内为处，外为出；内为故，外为新；内为躬，外为邻。邢璹《注》云："内卦是处，外卦为出。"　[6]初，第一爻；上，第六爻。初、上无位，但表示始、终。邢璹《注》云："初为始，上为终。"　[7]邢璹《注》云："上下虽远而动者有其应，革之六二去五虽远，阴阳相应，往者无咎也。"革六二往应九五，六二："己日乃革之，征吉，无咎。"　[8]邢璹《注》云："虽险可以处者，得其时也。需上六居险之上，不忧出穴之凶，得其时也。"坎卦最凶的地方在六四出自穴，上六入于穴则转为吉。　[9]邢璹《注》云："师之六五为师之主，体是阴柔。禽来犯田，执言往讨。处得尊位，所以不惧也。"据，通常是阳据阴，也就是阳爻领导、控制着阴爻。而从邢氏举师卦六五的例子看，六五为九二所据，反过来说，六五以九二为据，因为有九二的支持，所以虽然自身为阴柔，仍可以征讨，不惧于敌。　　[10]附，阴附阳，附着、附顺。邢璹《注》云："遯九五'嘉遯，贞吉'，处遯之时，小人浸长，君子道消，逃遯于外，附著尊位，率正小人，不敢为乱也。"王弼《周易注》说，遯至九五，"遯而得正，反制于内，小人应命，率正其志"。孔颖达《周易正义》说，二从五之命，五正二之志。故此附，当指六二附顺九五。　　[11]断，断狱。御，统御。邢璹《注》云："体虽柔弱，不忧断制，良由柔御于阳，终得刚胜，则噬嗑六五'噬干肉，得黄金'之例。"噬嗑六五以阴处阳，以柔乘刚，之所以自身柔弱而能断，在于六五居于尊位，能统御九四，六五之柔利用九四之刚来施行刑戮。　　[12]邢璹《注》云："初爻处下有应于四者，即是体后而敢为之先，则泰之初九'拔茅茹以其汇，征吉'之例是也。"此句是说，因为泰卦六爻皆相应，初九、九二、九三都想上行，而初九在三阳最后，却敢于争先而行，体现了泰卦重视开始的时义。初爻的"应其始"与上爻的"要其终"相互照应。　　[13]邢璹《注》云："物甚争竞，己独安静，会其终也。大有上九'自天祐之，吉，无不利'，余并乘刚，竞其丰富，己独安静，不处于位，由居上极，要其终也。"这句话的意思需要结合大有卦六五、上九两爻相比来说明。"己独安静"，指六五爻，六五柔处尊位，上下应之，有丰富之象，邢氏说"会其终"，即是会聚于五。上九则自六五而来，上九不以富萦心，不系累于位，从尊位进居上极，从而得以掌握大有，总其大成，亦即"要其终"。大有之终，必须从六五、上九相比关系中才能见出。　　[14]六爻之间阴阳、刚柔相应的情况不同，其变动的情况也不同。邢璹

《注》云：“爻有变动在乎应，有应而动，动则不失，若谦之九三‘劳谦君子，有终吉’之例。”谦卦只有三、上相应，九三有上六之应，所以动而不失，有终吉。　[15] 位指贵贱、君臣之位。邢璹《注》云：“爻之安危在乎位，得位则安，若节之六四‘安节，亨’之例；失位则危，若晋之九四‘晋如鼫鼠，贞厉’之类是也。”节卦六四，阴居阴位，当位，故亨而安行。晋卦九四，阳居阴位，不当位，故陷入危厉之中。　[16] 邢璹《注》云：“阴乘于阳，逆也。师之六三‘师或舆尸，凶’。阴承于阳，顺也。噬嗑六三‘小吝，无咎’，承于九四，虽失其正，小吝，无咎也。”师卦六三乘于九二之上，故逆；噬嗑六三承于九四之下，故顺。　[17] 邢璹《注》云：“遁，君子处外；临，君子处内。”遁、临都是二五相应，阳为君子。遁卦二阴五阳，君子在外卦；临卦二阳五阴，君子在内卦。　[18] 会，远近、终始变化过程中的关节点，也是要把握住的机会。辟，同“避”。邢璹《注》云：“适得其时则吉，失其要会则凶。”又云：“遁之上九‘肥遁，无不利’，此尚远也；观之六四‘观国之光，利用宾于王’，此贵近也。”如遁、临两卦都以九五爻为会，遁卦上九离五而远去，临卦六四则趋近于五。

《黄帝阴符经》云：“贤者守时，不肖者守命也。”

比、复好先，乾、壮恶首[1]。明夷务暗，丰尚光大[2]。吉凶有时，不可犯也；动静有适，不可过也[3]。犯时之忌，罪不在大；失其所适，过不在深[4]。动天下，灭君主，而不可危也[5]；侮妻子，用颜色，而不可易也[6]。故当其列贵贱之时，其位不可犯也[7]；遇其忧悔吝之时，其介不可慢也[8]。观爻思变，变斯尽矣。

### [注释]

[1]先，始，初爻。首，终，上爻。邢璹《注》云："比初六'有孚，无咎'，上六'比之无首，凶'，复之初九'不远复，无祇悔，元吉'，上六'迷复，凶'；乾上九'亢龙有悔'，大壮上六'羝羊触藩，不能退，不能遂，无攸利'之例是也。" [2]邢璹《注》云："明夷《彖》云'利艰贞，晦其明也'，丰繇云'勿忧，宜日中'是也。"繇，卦辞。 [3]邢璹《注》云："时有吉凶，不可越分轻犯。"又云："动静适时，不可过越而动。" [4]吉凶之时，动静之适，都是由时、适的关键点决定其性质，而不在程度的大小、深浅。邢璹《注》云："若夬之九三'壮于頄，有凶'，得位有应，时方阳长，同决小人，三独应之，犯时之忌，凶其宜也。大过九四'栋隆，吉；有它，吝'，大过之时，阳处阴位为美，九四阳处阴位，能隆其栋，良由应初，则有它吝，此所适违时也。"夬卦九三得位有应，但在五阳同决一阴的行动中，唯独它与这个阴有相应关系，这就犯了时的忌，虽然自身得位有应，也有凶。同理，大过卦的九四自身也是吉，但因为相应初六，故有它吝之害。 [5]此三句意为，即便事情大到动天下、灭君主，但是不能使人有更多的危惧。何以如此？易道吉凶、动静有自然常道也。邢璹《注》云："事之大者，震动宇宙，弑灭君主，违于臣道，不可倾危。若离之九四'突如其来如，焚如，死如，弃如'之例是也。"按邢氏引离卦九四，可以说明"动天下，灭君主"，但何以不可危也，没有说清楚。 [6]此二句意为，即便事情相对为小，如侮妻子，用颜色，但是也不能因此而对其轻视。邢璹《注》云："事之小者，侮慢妻子，用颜色，若家人尚严，不可慢易也。若家人九三'家人嗃嗃，悔，厉吉。妇子嘻嘻，终吝'是也。" [7]邢璹《注》云："位有贵贱，爻有尊卑，职分既定，不可触犯。" [8]语本《系辞上》云："忧悔吝者存乎介。"动则生吉

凶、悔吝，爻表现着这些吉凶、悔吝，爻之表现又在几微、纤介之际。邢璹《注》云："吉凶之始彰也，存乎微兆悔吝，纤介虽细，不可慢易而不慎也。"

**[点评]**

爻表示变化，影响其变化的，从大的方面说有二：一是上章说的"情伪"，一是这一章说的"卦时"。王弼强调爻的变化是适应卦时的，因为卦时的不同，爻的意义亦必随之变化。这种爻义适时而变的观点，可以称为"适时说"。

所谓"卦时"，首先指一卦的时，如在乾卦即在乾时，在坤卦即在坤时，六十四卦即六十四时。这种由卦名统摄的一卦的时，对于这一卦的吉凶做出了基本的规定。这也即是"卦以存时"，爻要适时，首先适这个卦体的时。这里涉及卦与爻的关系。爻的意义随着卦而变，同一爻位，同一卦辞，出现在不同的卦中，其兆示的意义不一定相同。卦与卦之间存在某种关系，这种关系也会影响到爻与爻。

进而言之，爻要适的时，还指一卦之中爻与爻之间相互作用的时机。这个时，是把握时机的时。每个爻所处的位置不同，与其他爻的关系也不同，它处在有机整体的动态之中，因此要趁应变化的时机。

卦体的时，与爻位的时，二者应当统一。适时而变的爻，既是有常的，又是无常的，其运用的情状不可测度。孔颖达《周易正义》豫卦《象》疏总论《易》之叹时有三体：一直叹时，二叹时并用，三叹时并义。时又有四种：一者治时，二者乱时，三者离散之时，四者改易之时。"夫立卦之体，各象其时，时有屯夷，事非一揆，故爻来适时，有凶有吉。"

在适时之际，爻所体现的各种结构关系与功能关系：

（1）应,（2）位,（3）承乘,（4）远近,（5）内外,（6）初上始终。以上是可从卦体观察出的静态的关系，其中混合了上、下体关系与爻的关系。

如开始变化，转为动态的关系，则为（7）应,（8）时,（9）据,（10）附,（11）御,（12）始,（13）终。这些都是靠爻与爻的配合才实现的，是不是能配合恰当，当然会依据上面的静态关系，以之为前提，但不确定的变动会越来越大。

从文中可以看出，王弼是从两个方面来看爻适时而变的，一个是吉凶，一个是动静。这是相对独立的两个意义层面，须结合在一体来考察。

此外，无论吉凶还是动静，适时的关键都在对位精准。变化中总是有质变、量变，要在辨其性质，而非看其程度大小。

# 明　象

言、象、意关系不能缩略成言、意关系。

尽与忘。

夫象者，出意者也[1]。言者，明象者也[2]。尽意莫若象，尽象莫若言[3]。言生于象，故可寻言以观象；象生于意，故可寻象以观意[4]。意以象尽，象以言著[5]。故言者所以明象，得象而忘言；象者所以存意，得意而忘象[6]。犹蹄者所以在兔，得兔而忘蹄；筌者所以在鱼，得鱼而忘筌也[7]。然则言者，象之蹄也；象者，意之筌也[8]。是故存言者，非得象者也；存象者，非得意者也[9]。象生于意而存象焉，则所存者乃非其象也；言生于象而存言焉，则所存者乃非其言也[10]。然则忘象者，乃得意者也；忘言者，乃得象者也<sup>[11]</sup>。得意在忘象，得象在忘言<sup>[12]</sup>。故立象以尽意，而象可忘也；重画以尽情，而画可忘也<sup>[13]</sup>。

### [注释]

[1] 什么是象？象指卦所显示的物象，包括两者：一是八卦之象，乾天、坤地、震雷、艮山、坎水、离火、兑泽、巽风，八卦重为六十四卦，又构成六十四种复合的象，如大有卦乾下离上，有火在天上之象；一是卦爻辞中言及的事物之象，如乾卦的龙、坤卦的马。什么是意？这一段文字是基于《系辞上》"子曰：'书不尽言，言不尽意。'然则圣人之意其不可见乎？子曰：'圣人立象以尽意，设卦以尽情伪……'"来说的，所以这个意是占筮所要求得的吉凶之意，既是天意，也是圣人之意。这个意按照六十四卦展开，则转为乾的意、坤的意等等，亦可说是一卦的大义。出，表达，在现象中显露出来。象出意，指象能表达出意。　[2] 什么是言？言指卦辞、爻辞。明，显明。言明象，指言能显明出卦爻辞中所包含的象来。邢璹《注》云："立象所以表出其意。作其言者，显明其象。若乾能变化，龙是变物，欲明乾象，假龙以明乾。欲明龙者，假言以象龙。龙则象意也。""龙则象意也"句，聚乐堂本、汲古阁本作"龙则象意者也"，意思更明确。　[3] 尽，表达出。莫若，意谓在各种可能的表达方式中最好的。邢璹《注》云："象以表意，言以尽象。"按照邢氏的理解，表、尽同义。这里尽即表达，还有增强的含义，即完全表达出。　[4] 生，表明二者逻辑先后。先有象，然后生出言；反过来，可以从言观象。先有意，然后生出象；反过来，可以从象观意。邢璹《注》云："若言能生龙，寻言可以

观龙。"又云："乾能明意,寻乾以观其意。"邢云"言能生龙",是说言能表达出龙的各种形象。"乾能明意",是说意能表达在乾卦当中。　[5]著,明白。邢璹《注》云："意之尽也,象以尽之;象之著也,言以著之。"这里尽、著同义。　[6]存,在其中,意存在象中,象存在言中。忘,不在意识中省知。《说文》:"忘,不识也。"在此引申为不自识,存而不自识,非不存也。忘言、忘象,同理。邢璹《注》云："既得龙象,其言可忘;既得乾意,其龙可舍。"邢注"乾意",底本及聚乐堂、天一阁、汲古阁、《汉魏丛书》本均作"乾象",《四部丛刊》影宋本、岳氏荆谿家塾本则作"乾意",以"乾意"为宜。　[7]此四句出自《庄子·外物》。蹄,捕兔之器具。筌,捕鱼之器具。此四句意为,蹄是用来捕兔的,捉到了兔,就可以忘掉蹄了;筌是用来捕鱼的,抓到了鱼,就可以忘掉筌了。邢璹《注》云："蹄以喻言,兔以喻象,存蹄得兔,得兔忘蹄。"又云："求鱼在筌,得鱼弃筌。"　[8]蹄、兔比喻言、象关系,筌、鱼比喻象、意关系。邢璹《注》云："蹄以喻言,筌以比象。"其实不必拘泥,庄子原来是同时用两者比喻言与意的关系。在《周易》,从言到象到意,是一个连贯的整体,若硬分配为先蹄兔,再筌鱼,反倒破坏了整体感,把言、象、意看作一个整体来对照庄子的言、意关系更为适宜。　[9]此承前言与象的关系,象存在言中,如果你没有注意到言中的象,而是仅仅把言当作言自身来看待,即是存言。存象,同理。这里的存,有思虑专注于此、固执于此的意思。邢璹《注》云："未得象者存言,言则非象;未得意者存象,象则非意。"　[10]基于"象生于意"的关系,如果仅仅把象当作象自身来看待,则这个象不是尽意之象。言与象,同理。邢璹《注》云："所存者在意也。"又："所存者在象也。"　[11]忘象与存象相反。邢璹《注》云："忘象得意,忘言得象。"　[12]邢璹《注》云："弃执而后得之。"[13] 这是依据《系辞》的发挥。"重画"即"设卦"，"尽情"即"尽情伪"。邢璹《注》云："尽意可遗象，尽情可遗画。若尽和同之意，忘其天火之象；得同志之心，拔茅之画尽可弃也。"按照邢氏的解释，象指六十四卦的卦象，画指一卦六爻的爻画。注中举同人、泰二卦为例。

是故触类可为其象，合义可为其征 [1]。义苟在健，何必马乎？类苟在顺，何必牛乎 [2]？爻苟合顺，何必坤乃为牛？义苟应健，何必乾乃为马 [3]？而或者定马于乾，案文责卦，有马无乾，则伪说滋漫，难可纪矣 [4]。互体不足，遂及卦变，变又不足，推致五行 [5]。一失其原，巧愈弥甚。纵复或值，而义无所取 [6]。盖存象忘意之由也 [7]。忘象以求其意，义斯见矣 [8]。

忘非完全遗忘。忘生隐喻，超以象外。中国美学尤重之。

**[注释]**

[1]触，据。以卦名为类，具体情境中则会各从其类而生出象。义，卦爻之义。征，验证。触类而长之象，必定遵循这一卦的卦爻之义，以是否符合卦爻义作为标准，可以判定卦爻该用哪些象，或者据此解释用象的含义。邢璹《注》云："征，验也。触逢事类则为象，鱼、龙、牛、马、鹿、狐、鼠之类。大人、君子，义同为验也。" [2]"义苟在健""类苟在顺"，二者就触类为象而言，譬如说以乾健、坤顺为类首，从其类而生出马、牛等等各式各样的象来，这些象可以运用在各种具体情境中，也可以根据具体情

境而更换不同的象。邢璹《注》云："大壮九三有乾,亦云'羝羊'。坤卦无乾,《象》亦云'牝马'。"以乾象为马,坤象为牛,当是《说卦传》中的说法。大壮卦的下体为乾,有健义,然九三用了"羝羊"为象,并没有用马。坤卦上下体都没有乾,但是卦辞中还是说到"牝马",用牝马表示顺义,而非用牛。　[3]"爻苟合顺""义苟应健",就合义为征而言。邢璹《注》云："遯无坤,六二亦称牛。明夷无乾,六二亦称马。"遯卦中并不含坤体,但六二有顺义,故而这一爻用了牛象。明夷卦中不包含乾体,六二爻辞"用拯马壮",壮有健义,用了马象。总之,无论卦还是爻,乾健,故以马为象;坤顺,故以牛为象。但是牛象不专属坤,马象不专属乾,要看合义的情况与需要来用象。　[4]或,同"惑"。"定马于乾",把马象看作乾的固定代表。"案文责卦",这个"文"当指前面所言的象,亦即固执于象来说卦,而不是按卦来灵活地解释象,结果就是"有马无乾"。邢璹《注》云："唯执乾为马,其象未弘也。"滋漫,滋生散漫。纪,纪极。难可纪,意思是滋漫得越来越多,难以限止。　[5]六十四卦是用八卦两两相重而成,故一卦中初、二、三为下体,四、五、上为上体。互体说又以二、三、四为一体,三、四、五为一体。比如泰䷊,下体乾☰,上体坤☷,又互体兑☱、震☳。卦变,一卦之内各爻可以按照二五、初四、三上的关系阴阳互换,还可以自本卦旁通别的卦,这样都会变生出新卦来。八卦被设定在方位上,故与另一套表示方位的五行重叠,这样八卦又有了五行的属性,八卦之象上又增加了五行之象。邢璹《注》云："广推金、木、水、火、土为象也。"　[6]原,《周易》的本原,亦可以说是圣人之原旨。愈是精巧,离本原愈远。纵然有说对了吉凶的地方,但是不能和卦爻之义相适应。邢璹《注》云："一失圣人之原旨,广为譬喻,失之甚。"　[7]本原在意,而滋漫之说都是固执于象,不能忘象而达意。邢璹《注》云："失鱼、兔,则空守筌、蹄；遗健、顺，则空说龙、马。" [8]按王弼上节言意，此节言义，而最后两句，意、义并见，可见不能视为同义字。辨析意、义的同异，是理解王弼思想的一个关键点。

[ 点评 ]

"明象"章是《周易略例》最具有哲学价值的部分，几乎所有讲中国哲学史、魏晋玄学的著作，都会作为重点加以讲解。

这一章可以分为两大段，第一段主要是对《系辞上》中的一段话做解释并进一步的阐发。《系辞上》云："子曰：'书不尽言，言不尽意。'然则圣人之意其不可见乎？子曰：'圣人立象以尽意，设卦以尽情伪，系辞焉以尽其言，变而通之以尽利，鼓之舞之以尽神。'"

这段话中有三个主要概念："言""象""意"。王弼在"明象"章中运用这三个概念，意义应与《系辞》保持一致。不同之处有两点，一是讲的次序，《系辞》是按照圣人作《易》的次序展开的，亦即从意到象，从象到言；而王弼是按照后世用《易》的次序展开的，故而是从言到象，从象到意。二是《系辞》中讲了言、象、意之间"尽"的关系，王弼则又增加了"忘"的关系。

就《周易》来说，"言"指六十四卦的卦爻辞。这些卦爻辞原本也是特殊情景下占筮活动的记录，但它们被典型化处理过，所以本身具有代表性，可以作为根据、典范，供后来占筮比类。"象"指卦爻象。卦象是指八卦各有其象，乾天、坤地、震雷、巽风、坎水、离火、艮山、兑泽；八卦相重为六十四卦，又为复合之象。卦象中还包含着爻象，即由爻的位、爻与爻的关系所显示的象，应、位、承乘、远近、内外、初上，会显示出同志之象、所处之象、逆顺之象、险易之象、出处之象、始终之象。"意"是指占筮所得的吉凶祸福的兆示。它首先是天意，通过占筮决疑，一定是想知道天意如何，亦即天命吉凶，这是占筮的题中之义。同时"意"又当有圣人之意，也就是圣人作《易》、参天地化育之用心。"意"集中体现在象中，也就是见诸元、亨、利、贞、吉、凶、悔、吝、厉、孚、无咎等象辞中。

"言""象""意"之间的"尽"是什么关系？

按照《系辞》的次序，以圣人之意为起点，而后意生象，象生言。这意味着意表达为象，象表达为言，三者是有先有后的生成关系。而象尽意，言尽象。所谓尽，意味着用象表达意，言表达象，其表达是完全的。意可以表达在多种象中，象可以表达在多种言中，这中间应具有一致性，换句话说，在每一种表达中都达到同样尽的效果。

圣人作《易》的次序，也就是从意到象，从象到言，而从意到象到言的关系是尽。这是本然的次序，《周易》的经本就是这样构成的。必须在尽的基础上理解忘，没有尽，也就无所谓忘。没有"言生于象""尽象莫若言"，则不可能"寻言以观象"；没有"象生于意""尽意莫若象"，则不可能"寻象以观意"。

所谓"忘"，发生在"寻言以观象""寻象以观意"这一反向过程中，这时的次序是从言到象，从象到意。只有按这个次序，才有"忘"的问题。

我们先用从言到象之间的次序来说明什么是忘，"忘言得象"是如何实现的。

言是卦爻辞，象是卦爻象。譬如说师卦，从经本上看，它有一套卦爻辞，也有一套卦爻象，结合在一起讲的是征伐的事情。如果我因为其他事情而占筮，得到了师卦，显然，解卦的时候，卦爻象要保持一致，但不再拘泥那些关于征伐的卦爻辞了。卦爻象是卦中的底层结构，它可以从旧的占筮中迁移到新的占筮中，结构上一如其旧，情境方面却大相径庭地改变了。由此说来，什么是"忘"？忘就是不拘泥旧卦的言辞，使得卦爻象得以迁移到新卦中。通俗地说，师卦就像用一个典型应用题来表达公式。比如《九章算术》中的"两鼠穿墙"即是"盈不足术"的典型应用题，可以通过解"两鼠穿墙"问题掌握"盈不足术"，而后"盈不足术"可以运用到其他各种新情况中，至于"两鼠穿墙"，则是要忘的。

那么，是不是得到卦爻象，卦爻辞就可以彻底忘掉了呢？当然不能。必须知道，经本六十四卦的卦爻辞，是在卦爻象的基础上，结合情伪变化与圣人之意，而后作成的。它并不仅仅陈述了具体的事物、情态，更重要的，它是一个意义生成过程的结果。新的占筮活动，虽然可能不再关涉相同的事物、情态，但是它应该按照类似的程序而生成意义。卦爻辞、卦爻象共同构成有机整体，新的占筮则会在与本卦的整体类比中建立自己的意义系统。比如说我们因为疾病占得师卦，在根据卦爻象制定解卦之辞的时候，一定是一套关于疾病的，而不再是关于征伐的。再如因为迁居而占得师卦，会得到关于迁居的一套解卦之辞。显然，本卦之师卦，新占筮的关于疾病的师卦、关于迁居的师卦，卦体、卦爻象都是一样的，这也就是前面说的迁移。但是，关于疾病的辞、关于迁居的辞，都必须与本卦的辞之间有可信的比类关系，这样才能保证意义的一致。除了作为典范的本卦的辞，疾病、迁居之类新占筮产生的辞是无穷无尽的，这些的确都是可以彻底忘掉的，后世也没有保留这些占筮记录。

在同类卦中迁移的是卦爻象，但王弼在文本中并没有说及天、地、风、雷、水、火、山、泽，他举的象，是龙、马、牛之类的象，这些象不是卦爻象，其来源当是卦爻辞中出现过的事物之象。《系辞下》说"易者，象也"，是说易有八卦、六十四卦之象；又说"象也者，像也"，是说由八卦、六十四卦拓展到三百八十四爻，拟像万事万物，可以触类而长。卦爻辞所涉及的实际事物都是象，这些象同时也是言。从王弼注《周易》的情况看，他对于基本的卦爻象是承认的，不承认的一是对基本的卦爻象加以变体，又衍生出的象；二是据卦爻辞中的事物之象孳乳出来的，如《说卦》所记载的那些杂七杂八的象。

王弼这一章题名"明象"，显然很重视象，以象为核心的。进而讨论从象到意这一步时，所谓的象，限定在基本的卦爻象。

一卦的卦爻象，奠定了一卦的内在结构。卦爻象作为卦的结构是运作着的，一卦六爻成体，不是摆在那儿不动，而是围绕着枢纽，按照其运势，自身运作起来。运作使结构实现出功能，如果概括这种功能的特性，则可谓之健、顺，乃至内健而外顺、行险而顺、柔来而文刚等等。一卦的卦爻象结构运作时体现出来的功能特性，这也就是王弼说的"义"。

这就前进到解释这一章的第二段文本了。在第一段文本中只出现了"意"，第二段文本则同时出现了"义"和"意"，这两个字不是同义的。

第二段中"义苟在健，何必马乎？类苟在顺，何必牛乎？"这几句话，通常被看作是论述"得意忘象"，其实还没有到这一步。如果把《系辞》文本作为框架来衡量，王弼这一章的论述进路似乎没有达到"意"，但却增加了《系辞》没有的"义"的论述。第二段的主旨即是论义。

在"明象"章，王弼说"物无妄然，必由其理"，已经提出理的概念。这一章的义，也就是理，义、理二字是可以通训的。六十四卦每一卦都有自己的卦爻象结构，都有其运作起来的功能特点，如能适宜于这个结构和功能，就是合义、合理。比如当我们分析乾卦的卦爻象结构时，会发现六爻都是阳，从初到上，阳气不断向上，成强健之势；就爻辞来看，则可见六龙时行呈现从潜到亢的各种形态。这中间就内含着一种义、理。

如果按照言、象、意三阶段看，义还属于象这一阶段。按传统的解释，健、顺之义是从卦名乾、坤而来的。王弼的确很重视卦名的意义。但在逻辑上说，最初是因为某一卦体的性质而命名为乾，不是由一个乾的观念而造出相应的卦体。健、顺之义可以视为乾、坤卦象的内在之理，而龙、马之类，可以看作是乾、坤触逢事类而生长的更多样的外在形象，或者归属于言亦可。

关键是难道王弼就没有意识到《系辞》中的那个

"意"吗？这倒也不是，如果我们把"明象"这一章和"略例下"论"四德"的部分联系起来，就会得到一个完整的论述体系。

就《系辞》而言，"意"是指占筮所得的吉凶兆示。一卦的义与意是什么关系呢？可以说，义体现了这一卦内在的合理性。但是，就像我们在很多卦中看到的，合理的不一定吉，不合理的也不一定凶。吉凶之意有另外的来源，按照经典说，即是来自上天，来自圣人；用哲学的术语说，它来自具有意图、指向性的目的。打个通俗的比方，一卦就像一辆车，这辆车能不能正常运行，这是关于义的问题；而这辆车要开向哪里，这是关于意的问题。再比方说，一个人学弹钢琴，所有的演奏技术都掌握了，但这并不是他演奏的目的，目的应该是表达音乐的意义，真正引导他演奏的是音乐，而不是钢琴及其音响。所以说，通过卦爻象摹拟出了宇宙秩序，这个宇宙秩序又总是朝向一个至善目的而运作。

做出这样的解释，必须在这一章的基础上再结合王弼关于元、亨、利、贞"四德"的论述。"四德"可以说是六十四卦都朝向着的那个至善目的。具备元、亨、利、贞"四德"的共有七卦：乾、坤、屯、临、无妄、随、革。七卦虽然都具有"四德"，但因为卦时不同，所以"四德"的涵义也不完全相同。最典型的"四德"即是乾卦的"元、亨、利、贞"。其余卦的"四德"与乾卦"四德"相比，都有这样或那样的不完善性。此外有些卦是当时即有"四德"，有些卦是在满足某些条件后才能有"四德"，包括那些有三德、二德、一德的卦，它们都是朝向着"四德"

发展。古人云《周易》为改过之书，任何一卦都不是绝对完美的，它要通过改正过失，从不完美朝向完美演进。

元、亨、利、贞"四德"，以及结合卦时的各种演变，扩展言之，吉、凶、悔、吝、厉、孚、无咎及其演变，都是作为《周易》最终旨归的"意"。按《系辞》讲的次序，它是圣人通过立象来尽的意；从王弼的次序说，它是可以观象而得到的意，也是必须忘象才能最终把握的意。

这里"忘象得意"是怎么实现的呢？

如前一步"忘言得象"，忘是摆脱了言的束缚，把象迁移出来，在这一步"忘象得意"，即是摆脱象的束缚，把意迁移出来。象中包含的意，比如乾的吉、坎的凶，都是产生在特定之时的，与乾、坎之卦义相结合着的。如果把吉凶从乾象、坎象中迁移出来，从乾的吉、坎的凶变成纯粹的吉、凶，则有具体的和抽象的两种实现。

具体的实现必须回归占筮活动本身。人们常常忽略的一个情况是，在开始一个占筮之前，占筮的主人已经明确地了解要占问的这件事，并且已经自己深思熟虑，或者与人咨询、商量过这件事的可能发展，这即是先"人谋"，再"鬼谋"。当占筮开始，筮人占出卦体，书写于版，这时筮人当已知是什么卦、什么象、什么义了。但是为什么筮人占出卦后并不解卦，而是出主人或者史官者流来解卦呢？原因就在后者是预先的"人谋"的参与者，他们才能把"人谋"和"鬼谋"相比较，最终得出吉凶判断。这时得出的吉、凶不再是乾的吉、坎的凶，而是贞问之事的吉或凶。

抽象的实现在导向玄学。从乾的吉、坎的凶迁移出

来的纯粹的吉、凶，也可以作为普遍的观念。不必再应
用到新的占筮中，在观念的层面也可以存在。这种转化
符合当时玄学的思维水平与发展趋势。王弼通过注《周
易》而建立的哲学是一种"自然目的论"，意思是说宇宙
秩序的运作，既合乎自然之理，又有目的之引领。这些
通过忘而获得的纯粹化了的吉、凶，也就是"意"，正是
与自然并存的目的的体现。

至此可以概括地说，《周易》的根本在于可见诸"言"
的情伪变化，而情伪变化的底层存在着一个抽象的结构，
也就是"象"。可以把言看作表层的，象看作深层的，言
是不能重复用的，象则是可以迁移的。以象为枢纽的卦
是一个有机整体，有机整体的合理性是"义"，而有机整
体的运作所要遵循的目的是"意"。整个《周易》的运作
总是生生日新的，生生而条理的，止于至善的。

在卦作为有机整体运作时，"言""象""意"都是不
可或缺、不可取代的独立环节。其间尽、忘，是使三者
既能相互联系，又能独立地发挥意义。因为王弼用了庄
子的筌、蹄之喻，由此引发出一种"言""象"只是为了
达"意"的工具的观点，值得稍加讨论。

首先，言、象被归到一类，意被归到一类，这就使
得原本的言、象、意的三元模式，变成言、象与意的二
元模式。通常把王弼关于言、象、意的思想归结到魏晋
时期的"言意之辩"中，结果往往方枘圆凿，有说不通
的地方。"言""象""意"是由三个概念构成的，因为
要纳入"言意之辩"，故而要把三元简化为二元，会把
"言""象"都看作形而下的、现象的，把"意"看作是

形而上的、本体的。此外王弼明确说言尽象、象尽意，套用"言意之辩"的话，应该属尽意论者；而王弼进而强调必须忘象、忘言，则又应被认定为不尽意论者。其实王弼的这一思想与"言意之辩"有关，但不是直接的，他是要解决《周易》的解释问题，而不是对当时的"言意之辩"做出回应。且"言""象""意"三元属于宇宙论问题，而"言""意"二元属于本体论问题。"言意之辩"没有的"象"，而在这里恰恰是核心、中枢，一头连着"言"，一头连着"意"，连着"言"意味着连接着情伪变化，连着"意"意味着连接着天意、圣人之意。象不能被归到言，乃至被省略，是显而易见的。

其次，如果把言、象为一层面，意为一层面，前者是形而下，后者是形而上，则"忘"就被看作从特殊到一般，乃至直至于"无"的抽象思维。如前所述，王弼的忘，是默认尽在先的，又可以说忘是在存的基础上说的。这就像说"忘劳""忘忧"，一定是先有劳、有忧，且忘劳、忘忧之后不是再无劳、无忧，只是不觉其劳、忧而已。因此说在《周易》，可以肯定从言到象到意有逐步抽象的特点，但这个抽象应限定在卦的结构范围内，其抽象是相对的，不可能绝对的、直线的，抽象到彻底的"无"上。

此外，王弼《周易注》乾卦《文言》注中说"夫易者，象也。象之所生，生于义也"，与"明象"章"象生于意"不同。这两处文本差异，是不可回避的。我认为，因为王弼是针对不同的传文，故而说法不同。前者强调象与义，也就是象与理是一体的，后者则是说象要表达另一个东西，即是意。王弼已认识到"义"和"意"的不同，而他所致力的恰恰是使二者统一起来。

有两位学者关于"象"的观点，可为卓见，值得参考。

刘师培《经学教科书》说："盖象分四类，即天、地、人、物是。或一卦而取数象，或数卦而同一象。一取象于天，如乾为天、震为雷是；二取象于地，如坤为地、艮为山、震为大涂是；三取象于人，如乾为父是（又有取象人身者，如巽为广颡；有取象人情者，如震为决躁；有取象人病者，如坎为心病）；四取象于物，析为动物（如乾为一马节）、植物（如乾为木果）、珍宝（如乾为玉）、器物（如乾为布）、物形（如乾为圜）、物色（如震为玄黄）六类。"刘师培所说的象包括卦象、卦爻辞中言及的象，以及《说卦》中的象。

刘师培又说："象也者，以万物之体皆有自然之象，古人举众物不齐之象悉分括于各卦之中。象也者，像也，像此者也，拟形容以象物宜。故古人立象以尽意，后人观象以明吉凶。易之有卦象，犹诗之有比兴也。"这里最重要的一句是"易之有卦象，犹诗之有比兴"，即是说"象"在易中的功能，类似于诗歌中的比兴的功能。"象"不同于形，并不受形名、名实关系的限制。

那么，易之"象"是否和诗之"象"一样呢？

钱锺书指出，易"象"与诗歌中的托物寓旨，理有相通。但是，易"象"是可以替换的，诗"象"则是不可替换的。钱锺书说："盖象既不即，意无固必，以羊易牛，以凫当鹜，无不可耳。如《说卦》谓乾为马，亦为木果，坤为牛，亦为布釜；言乾道者取象于木果，与取象于马，意莫二也，言坤道者取象于布釜，与取象于牛，旨无殊也。若移而施之于诗，取《车攻》之'马鸣萧萧'，《无羊》之'牛耳湿湿'，易之以'鸡鸣喔喔'，'象耳扇扇'，则牵一发而动全身，着一子而改全局，通篇情景必随以变换，将别开面目，另成章什。毫厘之差，乖以千里，所谓不离者是也。"（《管锥编》第一册，第11、12页）按此论可以看作是对刘师培比兴说的进一步发挥。又易"象"可以替换，证明其有一个内在的结构是稳定的，不受"象"的替换的影响。

# 辩　位

较之"贵贱"，"始终"之意义更原初，更具宇宙论价值。

案《象》无初上得位、失位之文[1]；又《系辞》但论三五、二四同功异位，亦不及初上[2]。何乎？唯乾上九《文言》云"贵而无位"，需上六云"虽不当位"[3]。若以上为阴位邪，则需上六不得云"不当位"也；若以上为阳位邪，则乾上九不得云"贵而无位"也。阴阳处之，皆云非位[4]。而初亦不说当位、失位也[5]。然则初上者，是事之终始，无阴阳定位也[6]。故乾初谓之潜，过五谓之无位，未有处其位而云潜，上有位而云无者也[7]。历观众卦，尽亦如之。初上无阴阳定位，亦以明矣[8]。

**［注释］**

[1] 位，一卦六爻之位，又称六位。按王弼的看法，初爻与上爻是没有阴阳位的，故而也没有当位、不当位之说。中四爻有阴阳位。邢璹《注》云："阴阳居之，不云得失。"无论阴爻或阳爻，居初、上，皆不云得失，居中四爻，则云得失。 [2] 此三句意为，《象传》对初、上爻不用得位、失位来解释；《系辞》在论述爻位的功能时，也只说了中四爻，没有提到初、上。邢璹《注》云："同其意也。"《象传》《系辞》用意相同。 [3] 乾卦上九阳爻，乾《文言》说："贵而无位。"邢璹《注》云："阳居之也。"需卦上六阴爻，《象》说："虽不当位。"邢璹《注》云："阴居之也。" [4] 此六句意为，像乾卦那样阳爻居上，或如需卦那样阴爻居上，无论阴爻阳爻，都说是非位，可见上爻是不论阴阳位的。王弼所举乾《文言》、需《象》例子中的"位"，严格来说，都不是爻位的位，而是尊位、禄位的位。 [5] 既说上爻无位，初爻是同样的道理。邢璹《注》云："不论当位、失位凶吉之由。" [6] 一卦六爻构成一个有机整体，各爻都有其功能，相互协调。初、上二爻表示与该卦有关事情的始与终，而中四爻表示阴阳、贵贱之位。邢璹《注》云："初为始，上为终。施之于人为终始，非禄位之地也。" [7] 就乾卦六爻而言，初九"潜龙勿用"，"潜"是说其尚未有位的状态；过了九五爻以上的上九、用九都是无位的状态。 [8] 众卦，六十四卦卦爻辞及其《彖》《象》《文言》。

夫位者，列贵贱之地，待才用之宅也[1]。爻者，守位分之任，应贵贱之序者也[2]。位有尊卑，爻有阴阳。尊者，阳之所处；卑者，阴之所履也。

《抱朴子·嘉遯篇》云："道存则尊，德胜则贵。"何在乎位之常分也。

故以尊为阳位，卑为阴位 [3]。去初上而论位分，则三五各在一卦之上，亦何得不谓之阳位 [4]？二四各在一卦之下，亦何得不谓之阴位 [5]？初上者，体之终始，事之先后也，故位无常分，事无常所，非可以阴阳定也 [6]。尊卑有常序，终始无常主 [7]。故《系辞》但论四爻功位之通例，而不及初上之定位也 [8]。然事不可无终始，卦不可无六爻，初上虽无阴阳本位，是终始之地也 [9]。统而论之，爻之所处则谓之位，卦以六爻为成，则不得不谓之六位时成也 [10]。

［注释］

[1] 出自《系辞上》"是故列贵贱者，存乎位"。待，待时以发挥。才用，六爻分天地人三才，不同的爻位秉不同的天地人之才用，故有君子、小人之别。邢璹《注》云："宅，居也。二、四阴贱，小人居之；三、五阳贵，君子居之。" [2] 任，职分，相应地发挥应能、堪能之作用。此三句意为，每一爻都有位分，要安守自己的位分；爻与爻则相互呼应，按照贵贱的次序。邢璹《注》云："各守其位，应之以序。" [3] 六爻皆有阴阳，但是初、上无尊卑，中四爻有尊卑。 [4] 这是说明中四爻为什么有尊卑。这里王弼援用了互体说，搁置初、上不论，中四爻中三、五各为一个单卦的上爻，所以居上者宜为阳为尊。比如需卦䷄，下乾☰上坎☵，中四爻互体兑☱、离☲，其中九三为乾卦上爻，九五为离

卦上爻，这两爻都以阳居之为当位，为尊位，合乎《系辞》说的
"三与五同功而异位"。 [5] 同理中四爻中二、四各为一卦之下
爻，所以居下者宜为阴为卑。比如谦卦☷，下艮☶上坤☷，互体
坎☵、震☳，其中六二为坎卦下爻，六四为坤卦下爻，阴爻当位，
为卑位，合乎《系辞》"二与四同功而异位"。 [6] 初、上表示
卦体之始终，也表示卦所关涉之事的先后。位无常分，初、上虽
或阴或阳，但却不能按照阳贵阴贱、阳尊阴卑来确定其位分。事
无常所，事总是在始终循环中发展。始终是一卦之时的突出表现，
始终之道是王弼最重视的义理之一。 [7] 中四爻的阳阴与尊卑
相对应的秩序是恒常的，而初、上表示的始终，则是不能按照阳
主始、阴主终的固定模式来看待的。邢璹《注》云："四爻有尊卑
之序，终始无阴阳之常主也。" [8] 《系辞》论四爻功位之通例
云："二与四同功而异位，其善不同，二多誉，四多惧，近也。柔
之为道，不利远者，其要无咎，其用柔中也。三与五同功而异位，
三多凶，五多功，贵贱之等也。其柔危，其刚胜邪？" [9] "阴
阳本位"，预定的秩序以阳居初为当位，阴居上为当位。"终始之
地"，始、终发生转换的位置。 [10] "六位时成"，乾《彖》："大
明终始，六位时成，时乘六龙以御天。"六位即六爻。六爻以初
为始，中四爻贵贱位，上为终。

[点评]

"辩位"章说的是爻位。六爻之位，一、三、五为阳
位，二、四、六为阴位，阳爻居阳位，阴爻居阴位，则
是当位，否则就是不当位。那么，王弼说初、上无位，
是否意味着初、上无所谓阳位、阴位，也无所谓当、
不当位呢？其实这里有两套位，一套是六爻之阴阳位，

当然包括初、上；另一套是中四爻，是贵贱位。这两者重叠以后，初、上还要以阴阳位配合与四、三的相应关系，但是它们没有贵贱位，不决定吉凶。初、上的作用是表示一卦的始终，从而使一卦作为有机整体能够完全地运行。这是非常重要的功能，故不能以无贵贱位而轻视初、上。

这一章涉及一个在"明象"章就显示端倪的重要问题，即一爻与中四爻的关系问题。王弼提倡一爻为主说，同时沿用了中四爻说。这两说以及其他的相应、承乘、远近、内外，都是可以重叠着用的。有学者指出，王弼注释《周易》并没有严格遵循《周易略例》。这个问题可以这么看，王弼作注时，同时用几套规则，它们相互交织，这样会把最重要的东西逐步突出出来。

观察中四爻，当以位论，二、四为阴位、贱位，三、五为阳位、贵位，由此可辩当位、失位。中四爻既有阴阳位，又有贵贱位。王弼还援用互体说对中四爻的位做了解释。上下卦加互体，有四个单卦，据此观之，二为一卦之下，四为一卦之下；三为一卦之上，五为一卦之上。在下者宜阴、宜贱，在上者宜阳、宜贵。可见王弼对互体说也不是截然排斥。

观察初、上爻，则不以位论，而是看其在一卦中发挥的始终功能。如果我们先不管尊卑、贵贱，就把一卦六爻构成的有机整体看作是一个自然的体系，那么显然，初、上和中四爻无论从位置还是功能，都是平等的，没有初、上怎么能构成卦呢？而一旦重叠中四爻后，初、上就没位了，没有尊卑、贵贱之位。邢璹这一章注文不多，但是有一句还是很关键："不论当位、失位凶吉之由。"这是说初、上即便有阴阳当位的问题，但是不导致吉凶，而中四爻是要导致吉凶的。经过这一重叠，自然的体系变成了有吉凶的体系，而吉凶是非自然的，是目的性的。

王弼赋予初、上的意义是表示始终。始必有终，终必转始，这是一个自然的过程，而自然是人事背后的力量。王弼说"尊卑有常序，终始无常主"，这里"有常序"是就人事而言，"无常主"则是就自然而言。人事的尊卑贵贱、吉凶祸福，在过了其顶点之后，也必然转化。譬如乾卦九五"飞龙在天"，也不可避免到上九"亢龙有悔"，失去其位。

始必有终，终必复始，这一转化过程是自然的。而在这一过程中，处始者以有终为目的，处终者以复始为目的，故而自然的进程中总有目的在引领。在王弼哲学中，自然与目的是统一的，这种统一的实现就见诸始终。

# 略例下<sup>[1]</sup>

"四德"为六十四卦之最高目的。此一节可与"明象"章合观。

凡体具四德者，则转以胜者为先，故曰"元，亨，利，贞"也<sup>[2]</sup>。其有先贞而后亨者，亨由于贞也<sup>[3]</sup>。

**［注释］**

[1]陆德明《经典释文》于"略例下"云："旧本如此本，或无'下'字。"略，同"凡"。凡，凡是，凡是某类情况都应符合某一条例。下文五节都是以"凡"起。　[2]体，卦。胜，优先，四德更完美的卦为胜者。"体具四德者"，即卦辞中有"元，亨，利，贞"，计有乾、坤、屯、临、无妄、随、革七卦。七卦中乾卦为四德的典型，其他卦不如乾卦完美。四德说始于乾卦《文言》："元者善之长也，亨者嘉之会也，利者义之和也，贞者事之干也。君子体仁足以长人，嘉会足以合礼，利物足以和义，贞固足以干事。君子行此四德者，故曰：'乾：元，亨，利，贞。'"邢璹《注》

云："元为生物之始，春也。亨为会聚于物，夏也。利为和谐品物，秋也。贞能干济于物，冬也。乾用此四德，以成君子大人之法也。" [3]"亨由于贞"，即达到贞而后才能亨通。邢璹《注》云："离卦云：'利贞，亨。'"离卦王弼《注》云："离之为卦，以柔为正，故必贞而后乃亨，故曰'利贞，亨'也。"孔颖达《周易正义》云："离卦之体，阴柔为主，柔则近于不正，不正则不亨通，故利在行正，乃得亨通。"

## [ 点评 ]

《周易略例》是注释《周易》的凡例，但是前面几章基本属于论体，这一章名为《略例》，五节都是以"凡"开端，可见这是真正的凡例体。

"四德"之说起于乾卦《文言》。今人注释多认为经文当断作"元亨，利贞"，"元，亨，利，贞"是传文特有的观念。王弼认可《文言》"四德"说，且确立了一套关于"四德"的解释条例，详可参证王弼注、孔颖达疏。

按此条例来说，乾卦四德是最完美的典型，无所不包，无所不利。其他体具四德的各卦不如乾卦完美，亦不能照搬乾卦，应按照各卦的具体情况来解释，故而乾之四德不必同坤之四德，屯之四德不必同临之四德。孔颖达《周易正义》解释屯卦四德时说："但屯之四德，劣于乾之四德，故屯乃元亨，亨乃利贞。乾之四德，无所不包。此即'勿用有攸往'，又别言'利建侯'，不如乾之无所不利。"

上述具有四德的七卦，有些卦是本身具有四德，有些卦则是在符合某些条件后才有四德。孔颖达解释随卦时说："凡卦有四德者，或其卦当时之义即有四德，如乾、坤、屯、临、无妄，此五卦之时，即能四德备具。其随卦以恶相随，则不可也，有此四德乃无咎，无此四德则有咎也。与前五卦其义稍别。其革卦'巳日乃孚'有四德，若不'巳日乃孚'则无四德，与乾、坤、屯、临、无妄、随其义又别。"

七卦之外的卦，四德潜在未显露，但发展趋势是朝向四德。孔颖达于随卦下又说："若当卦之时，其卦虽美，未有四德；若行此美，方得在后始致四德者，于卦则不言其德也。若谦、泰及复之等，德义既美，行之不已，久必致此四德；但当初之时，其德未具，故卦不显四德也。其诸卦之三德已下，其义大略亦然也。"

擅观其志。"诗言志"，"以意逆志"。

凡阴阳者，相求之物也。近而不相得者，志各有所存也[1]。故凡阴阳二爻率相比而无应，则近而不相得[2]；有应，则虽远而相得[3]。然时有险易，卦有小大[4]。同救以相亲，同辟以相疏[5]。故或有违斯例者也，然存时以考之，义可得也[6]。

[注释]

[1] 此四句意为，阴爻与阳爻是相互求的，求，志意指向所求之物。物，爻。近，爻与爻相比。相比的爻而不能相互有得，因为它们同是阴爻或者同是阳爻，互相无所求，其志不向彼

此，而是各自存己志。存，存留而不向之。邢璹《注》云："比之六三，处二四之间，四自外比，二为五贞，所与比者，皆非己亲，是有所存者也。"比卦☷的六三爻，上比六四，下比六二，上下比都是阴与阴相比，故不如阴阳相比，其志相向。六四与九五相比，志不在六三。六二上应九五，志亦不在六三。三个阴爻虽然比邻在一起，却各存己志。邢璹注文不同版本有很大差异，《四部丛刊》影宋本、岳氏荆谿家塾本同底本，以比卦为例。而聚乐堂、天一阁、汲古阁、《汉魏丛书》本皆作："既济六二与初三相近而不相得，是志各有所存也。"以既济为例。 [2] 邢璹《注》云："随之六三'系丈夫'，九四'随有获'，是无应而相得之例也。"随卦☲的六三下与六二阴阴相比，各存己志，姑且不论，六三上与九四阴阳相比，六三与上六不应，九四与初九不应，二者都没有应，所以相近而相得。卢文弨《群书拾补》认为《周易略例》文本"近而不相得"当作"近而相得"，"不"字为衍文。另本作："比之六三，无应于上，二四皆非己亲，是无应则近而不相得之例。"用比卦六三说明这两句不恰当，因为前句明确说"凡阴阳二爻率相比"，而比卦六三与上、下爻都不是阴阳相比。 [3] 卢文弨既校改前句"无应则近而相得"，又校改本句为"有应则虽近而不相得"，卢校可从。此节论比，比即近，不存在比而远的问题，这两句都是基于阴爻二爻相比而言。邢璹《注》云："既济六二，有应于五，与初三相近，情不相得之例。"既济卦☵六二爻，上比九三，下比初九，都是阴阳相比，但是，相应的关系优先于相比的关系，故而六二优先应五，虽与上、下爻相近而不相得。另有本作："同人六二，志在乎五，是有应，则虽远而相得之例。"用同人例与用既济例一致，同人六二亦是上比九三，下比初九，又与五相应。 [4] "明卦适变通爻"章作"卦有小大，故辞有险易"，与《系辞上》同。参考前章可知，卦之小大，辞之险易，均本诸"卦者，时也"，卦时是统摄卦之小大、险易的。这一小节主要讲卦时，故文字稍异，大义无改。邢璹《注》云："否险泰易，遯小临大。"[5]救，卢文弨云："古本作'求'。"以作"求"为宜，在此指同气相求。如睽卦☲的九四与初九不相应，但因为九四是上离的下爻，初九是下兑的下爻，故可以看作同志。同志则可以交孚，同类相托，故虽不相应，也是相亲的。辟，同"避"。困卦☵的初六与九四是相应的关系，但初六、九四之间为九二所阻隔，九二即"金车"，初、四欲相应而又都回避金车，所以实际上是疏远的。邢璹《注》云："睽之初九、九四，阴阳非应，俱是睽孤，同处体下，交孚相救而得悔亡，是同救、相亲。困之初六，有应于四，潜身幽谷，九四有应于初，来徐徐，志意怀疑，同避金车，两相疏远也。"[6]存，察。邢璹《注》云："或有情伪生，违此例者。存其时，考其验，莫不得之。"凡例即通常之例，如果因为情伪变化，产生了特殊性，看上去不符合此例，通过察其时，考其验，找出导致特殊性的原因之后，还是会与此例相通，不矛盾的。这一说明同样适用其他各节以"凡"起的论述。

[点评]

这一节论阴阳爻关系，特别指出"存时以考之"，卦以存时，不同的卦中各有其特殊情况，故不必强套此例。

凡《彖》者，统论一卦之体者也。《象》者，各辩一爻之义者也[1]。故履卦六三，为兑之主，以应于乾，成卦之体，在斯一爻，故《象》叙其应，虽危而亨也[2]。《彖》则各言六爻之义，明其吉凶之行。去六三成卦之体，而指说一爻之德，故危不获亨而见咥也[3]。讼之九二，亦同斯义[4]。

老虎到底吃人还是不吃人？此所以稽疑也。

**[注释]**

[1] 前"明彖""明象"章，旨在阐明彖、象的功能，都是结合经传而论的。这一节的侧重点则在于解释爻时，《彖》《象》的异同。因为涉及的文本均为传文，故而加书名号。《象》在卦下者，称"大象"，在六爻下者，称"小象"，这里主要是讲后者。邢璹《注》云："《彖》统论卦体，《象》各明一爻之义。"　[2] 这是举履卦为例说明《彖》《象》解经的不同。履卦☱下兑上乾，六三是下体兑之主，兑体阴，乾体阳，上下形成阴阳相应，整个履卦以此一爻为主，是成卦的关键。《彖》在解释卦辞"履虎尾，不咥人，亨"时，特别指出由于六三所构成的上下相应关系，故而在"履虎尾"的危险之际，却"不咥人"，得亨通。邢璹《注》云："《彖》云：'柔履刚，说而应乎乾，是以"履虎尾，不咥人，亨"也。'"　[3] 六三的爻辞说"履虎尾，咥人，凶"，为什么爻辞和卦辞不一致？因为卦辞说的是一卦的整体，爻辞说的是一爻的局部，虽然都基于六三爻，却有不同的意义。《彖》《象》各遵从卦辞和爻辞。邢璹《注》云："六二'履虎尾，咥人，凶。'《彖》言不咥，《象》言见咥，明爻、彖其义各异也。"　[4] 讼卦☵也属此例。讼卦九二为卦主，王弼以九二为善听讼之主，能断讼以中。这是因为九二刚居初六、六三两柔之中，有以刚断柔之象。然在九二爻辞，则说"不克讼"。可见《彖》所说九二，统一卦之体；

《象》所说九二，明一爻之德。邢璹《注》云："讼《彖》云：'有孚，窒惕，中吉，刚来而得中。'《注》云：'其在二乎？以刚而来正夫群小，断不失中，应斯任矣。'九二'不克讼，归而逋，其邑人三百户，无眚'也。"

[点评]

象、彖功能不同，故而卦辞与爻辞中相关的字句，相同者未必同义，不同者未必矛盾。王弼《周易注》解说讼卦时，认为九二、九五都是卦主，一卦两主。孔颖达疏为之弥缝，一谓之为义之主，一谓之尊位之主，并又举复卦例，复初九为义之主，九五为尊位之主。这种一卦两主的情况，是非常值得注意的意义叠加。

凡《彖》者，通论一卦之体者也。一卦之体必由一爻为主，则指明一爻之美，以统一卦之义，☲ 大有之类是也[1]。卦体不由乎一爻，则全以二体之义明之，☲ 丰卦之类是也[2]。

[注释]

[1]大有卦☲以六五爻为一卦之主。《彖》云："大有，柔得尊位大中而上下应之。"即就六五而言。　[2]丰卦☲离下震上，以二体明其义。《彖》云："明以动，故丰。"离为明，震为动。

[点评]

此即"明象"章首明之一爻说，举大有、丰卦为例说明。

　　凡言"无咎"者，本皆有咎者也，防得其道，故得无咎也[1]。"吉，无咎"者，本亦有咎，由吉故得免也[2]。"无咎，吉"者，先免于咎，而后吉从之也[3]。或亦处得其时，吉不待功，不犯于咎，则获吉也[4]。或有罪自己招，无所怨咎，亦曰"无咎"。故节六三曰："不节若，则嗟若，无咎。"《象》曰："不节之嗟，又谁咎也？"此之谓矣[5]。

《周易》，改过之书也。灵魂是找不到边界的，但是它能在幸与不幸、善与恶、悲与喜之间体认自己。

**［注释］**

[1]卦爻辞中指示吉凶的字，有元、亨、利、贞，吉、凶、悔、吝、厉、孚、无咎。前文已论"元、亨、利、贞"，这一节专论"无咎"。咎，与人的意愿相违的事态，可以是过失、灾殃，或病，或罪。防，防止陷入咎。道，卦中义理。邢璹《注》云："乾之九三：'君子终日乾乾。无咎。'若防失其道，则有过咎也。"　[2]如师为兴师之卦，兴师一定有咎，但兴师若得严庄尊重的"丈人"主持，则可以得吉，转咎为无咎。邢璹《注》云："师：'贞丈人吉，无咎。'《注》云：'兴役动众，无功，罪也，故吉乃免咎。'"　[3]如比卦初六，如果要比有它，是有咎的，而因为相互孚信，可以免除咎，故而有它来比，也是吉的。邢璹《注》云："比初六'有孚，比之无咎。终来有它吉'之例也。"　[4]如需卦九二，虽然在有咎的境遇中，但是不必干涉，就会转吉。邢璹《注》

云："需之九二：'需于沙，小有言，终吉。'《注》云：'近不逼难，远不后时，履健居中，以待其会，虽小有言，以吉终也。'" [5] 节卦六三，王弼《注》云："以阴处阳，以柔乘刚，违节之道，以至哀嗟。自己所致，无所怨咎，故曰'无咎'也。"王弼以"无所怨咎"释"无咎"，意思是无所归咎，本《象》所云"又谁咎也"。实际上六三仍在咎中，并没有转咎为无咎。

**[点评]**

此节分析"无咎"在不同语境中的意义差异。十二象辞"元、亨、利、贞、吉、凶、悔、吝、厉、孚、无咎"，皆会重复出现在各卦中，也都应按照此例，具体卦、具体爻做具体分析。关于节卦的解释，张载《横渠易说》认为王弼用"无所怨咎"说"无咎"是不对的，这是嗟叹其因为不节而有过，生改过之心，于是自"咎"转为"无咎"。

# 卦　略

䷂屯，此一卦，皆阴爻求阳也。屯难之世，弱者不能自济，必依于强，民思其主之时也。故阴爻皆先求阳，不召自往焉，虽班如而犹不废，不得其主，无所冯也[1]。初体阳爻，处首居下，应民所求，合其所望，故大得民也[2]。

屯乃具"四德"之卦。

[注释]

[1] 此章以举例的方式，略论卦中决定一卦大义的阴阳关系。这段话的意思是屯卦的大义体现在阴爻求阳爻，以阳为侯王，为主，以阴为民，为依附。屯难之世，即当屯卦之时，阴阳始交而难生，雷雨之动，天下草昧，这时的首务是确立君主，亦即"建侯"，确立了君主则百姓可以归附。　[2] 屯卦阴求阳，既指六四来求初九，又指六二去求九五，按照王弼说卦的体例，初九为体

现一卦之义的卦主，而九五是居于尊位的尊位之主，一卦兼存二主。邢璹《注》云："江海处下，百川归之；君能下物，万民归之。"这是在说初九卦主。

《彖》云："蒙以养正，圣功也。"

䷃蒙，此一卦，阴爻亦先求阳。夫阴昧而阳明，阴困童蒙，阳能发之[1]。凡不识者求问识者，识者不求所告；暗者求明，明者不谘于暗。故"童蒙求我，匪我求童蒙"也[2]。故六三先唱，则犯于为女。四远于阳，则困蒙吝。初比于阳，则发蒙也[3]。

**[注释]**

[1]蒙卦以阴象征蒙昧的暗者，以阳象征能破除蒙昧的明者。童蒙，指阴；我，指阳。　[2]这是说卦辞中"匪我求童蒙，童蒙求我"的道理，即不识者求识者，暗者求明者，而非反之。　[3]蒙卦最理想的阴阳关系是九二与六五，九二为我，六五为童蒙。六三与上九也是阴阳相应，六三当求上九，但是按照卦辞，六三有女象，而女不能主动求男，所以这个阴阳相应未能发挥作用。至于六四，与九二、上九都隔着一个阴爻，在这一卦中是陷入蒙昧最深的。初六则因为比于九二，故而先得到九二的发蒙。

《彖》云："履帝位而不疚，光明也。"

䷉履，《杂卦》曰："履，不处也。"又曰："履者，礼也。""谦以制礼。"阳处阴位，谦也。故此一卦，皆以阳处阴为美也[1]。

[ **注释** ]

[1]《序卦》曰："履者，礼也。"《系辞下》曰："谦以制礼。""皆以阳处阴为美也"，卢文弨校云："古本'阴'下有'位'字。"此节就位而论。履卦九二、九四阳处阴位，体现了谦，故为美。而六三阳居阴位，不谦；九五当位，也不谦。初、上无位，故不论及。邢璹《注》云："九五：'夬履，贞厉。'履道恶盈，而五处尊位，三居阳位，则见咥也。"

☷☱临，此刚长之卦也。刚胜则柔危矣，柔有其德，乃得免咎。故此一卦，阴爻虽美，莫过无咎也[1]。

六三"甘临"王弼《注》云："佞邪说媚，不正之名。"

[ **注释** ]

[1]《彖》云："临，刚浸而长。"初九、九二显示阳浸长之势。王弼《注》云："阳转进长，阴道日消，君子日长，小人日忧。"三、四、五、上，四阴都应顺从浸长的二阳。六三、六四、上六，只能达到无咎；六五虽然是吉，但卦的意思是六五应信任九二，不忌其长而能任之，这样才免咎而获吉的。

☴☷观之为义，以所见为美者也。故以近尊为尚，远之为咨[1]。

《彖》云："圣人以神道设教，而天下服矣。"

[ **注释** ]

[1]"以所见为美"，所见到的越清楚、周详越好。观卦九五为卦主，亦为尊主。下四阴爻，都是上观九五，距离九五越近越

好。初六离着最远，故而"君子吝"。六四最近，故"利用宾于王"。邢璹《注》云："远为童观，近为观国。"

非常之世，必有非常之人，行非常之事。

☰☱ 大过者，栋桡之世也。本末皆弱，栋已桡矣，而守其常则，是危而弗扶，凶之道也[1]。以阳居阴，拯弱之义也，故阳爻皆以居阴位为美[2]。济衰救危，唯在同好，则所赡褊矣。九四有应，则有它吝；九二无应，则无不利也[3]。

[注释]

[1] 大过卦初六、上六二阴，犹如两头下垂，中间四阳，犹如中间拱起，卦体有本、末弱之象。初为本，上为末。这时不能循规蹈矩，必须过越常理。孔颖达《周易正义》云："此衰难之世，唯阳爻乃大能过越常理以拯患难也。故曰大过。以人事言之，犹若圣人过越常理以拯患难也。" [2] 这里指九二、九四二爻，阳居阴位。中四阳爻共成拱起之象，二、四若为阴爻，则有坍塌之虞。 [3] 九二、九四在此是济衰救危之际，一定要与九三、九五形成合力。同好，即中四阳爻为同好。赡，照顾。褊，偏狭。赡褊，意思是有所顾及而不能兼顾。九二阳居阴位为美，与九五无应，故而不顾念九五，专心在二位拯患难，无不利。九四亦阳居阴位为美，但与初六有相应的关系，分了心，故而虽吉而有它吝。邢璹《注》云："大过之时，阳处阴位，心无系应为吉。阳得位有应则凶也。"邢说"阳得位有应"，当指九三与上六爻。

不事王侯，高尚其事。

☰☶ 遯，小人浸长，难在于内，亨在于外[1]。

与临卦相对者也。临，刚长则柔危；遯，柔长故刚遯也<sup>[2]</sup>。

**［注释］**

[1] 孔颖达《周易正义》云："阴长之卦，小人方用，君子日消。君子当此之时，若不隐遯避世，即受其害，须遯而后得通。"在遯卦，柔为小人，刚为君子，下艮为内，上乾为外。君子须从内遯至外，才由难转亨。　[2] 临、遯为变卦。当刚长时，柔须顺刚；而当柔长时，刚不应顺柔，而当遯去。邢璹《注》云："遯以远时为吉，不系为美。上则肥遯，初则有厉。"

☳大壮，未有违谦越礼能全其壮者也，故阳爻皆以处阴位为美<sup>[1]</sup>。用壮处谦，壮乃全也；用壮处壮，则触藩矣<sup>[2]</sup>。

《杂卦》云："大壮则止。"止之以礼也。

**［注释］**

[1] 大壮卦四阳爻，初无位不论，二、四阳处阴位，王弼《周易注》云二"履谦不亢"，四"行不违谦"，均谓在壮之时，而行谦道。这两爻是旁通于谦卦☶来取义的，谦卦二、四都是阴居阴位。　[2] 当壮之时，能够以谦处事，壮可以得以保全。如九二、九四爻，刚居柔位，旁通谦卦。而如九三爻，下乾健之极，刚居刚位，不能用谦，一味用壮，将触藩篱。

☷明夷，为暗之主在于上六。初最远之，故

暗主之世需要箕子之贞。其唯箕子乎？

曰"君子于行"。五最近之，而难不能溺，故谓之"箕子之贞，明不可息也"。三处明极而征至暗，故曰"南狩获其大首"也[1]。

[注释]

[1] 明夷卦下离上坤，全卦最暗者在上六爻，最明者在九三爻，比诸人事，则暗主在上，明臣在下。而其大义则在三应上，明臣征暗主。邢璹《注》云："远难藏明，明夷之义。"远难藏明，合乎初九、六五，但不合乎九三。

见怪不怪者，自欺欺人，麻木不仁。非知睽义者也。

䷥睽者，睽而通也。于两卦之极观之，义最见矣。极睽而合，极异而通，故先见怪焉，洽乃疑亡也[1]。

[注释]

[1] 两卦之极，即下兑之极六三爻与上离之极上九爻。王弼《注》这两爻揭示了睽而合、异而通、阴阳和则怪异消的道理。这一卦通乎庄子说的"恢诡谲怪，道通为一"。至为深刻。孔颖达《周易正义》有很好的阐释。邢璹《注》云："火动而上，泽动而下，睽义见矣。"邢注过于浅陋。

卦辞有云："勿忧，宜日中。"

䷶丰，此一卦，明以动之卦也。尚于光显，宣扬发畅者也[1]。故爻皆以居阳位又不应阴为美，其统在于恶暗而已矣[2]。小暗谓之沛，大暗谓之蔀。暗甚则明尽，未尽则明昧，明尽则斗星见，明微故见昧。无明则无与乎世，见昧则不可以大事[3]。折其右肱，虽左肱在，岂足用乎？日中之盛而见昧而已，岂足任乎[4]？

[注释]

[1] 丰卦下离上震，离为明，震为动，《象》云："明以动，故丰。" [2] 符合居阳位而又不应阴之爻，唯有初九。初九与九四，两阳相明，都是恶暗的。王弼《注》云："处丰之初，其配在四，以阳适阳，以明之动，能相光大者也。" [3] 这是在比较六二与九三。六二为蔀，为见斗，自身为阴，相对之五亦为阴，是至暗时刻，不可有为，只能保持自身中正，无与乎世。九三为沛，为见昧，九三是阳居阳位，故明过于二，唯其与上六相应，故不免见昧，见昧则不可以大事。《象》曰："丰其沛，不可大事也。"王弼《注》："明不足也。"又"见昧"，依经本当作"见沬"，王弼《注》："沬，微昧之明也。"在王氏，昧、沬通，故不作校改。 [4] 这是根据爻辞说明为什么当九三时不可大事。邢璹《注》云："丰之为义，贵在光大，恶于暗昧也。"

[点评]

王弼在这一章中举出了十一卦，略，要也。怎样得出这些卦的大要呢？就是运用上面说过的各种凡例，再结合卦的具体内容，这样得出的。比如屯、蒙两卦都是合阴爻求阳爻的例，但阴求阳的具体情况有所不同，其卦的大义也就不同。而这就是自一卦而整体地抉发出卦的义理。王弼所谓"义理派"的义理，就含在这些卦略中。
邢璹《周易略例叙》说："至如王辅嗣《略例》，大则总
一部之指归，小则明六爻之得失，承乘逆顺之理，应变
情伪之端，用有行藏，辞有险易。"所说的大小等各方面，
都体现着义理。

# 附录一  周易略例叙

唐四门助教邢璹注

原夫两仪未位，神用藏于视听，一气化矣。至赜隐乎名言，于是河龙负图，牺皇画卦，仰观俯察，远物近身，八象穷天地之情，六位备刚柔之体。言大道之妙有，一阴一阳。论圣人之范围，显仁藏用。寔三元之胎祖，鼓舞财成。为万有之蓍龟，知来藏往。是以孔子三绝，未臻枢奥。刘安九师，尚迷宗旨。臣舞象之年，鼓箧鳣序，渔猎坟典，偏习《周易》，研穷眈坑，无舍寸阴，是知卦之纪纲，周文王之言略矣，象之吉凶，孔仲尼之论备矣。至如王辅嗣《略例》，大则总一部之指归，小则明六爻之得失，承乘逆顺之理，应变情伪之端，用有行藏，辞有险易。观之者可以经纬天地，探测鬼神，匡济邦家，推辟咎悔。虽人非上圣，亦近代一贤。臣谨依其文，辄为注解，虽不足敷弘《易》道，庶几有裨于教义，亦犹萤磷增辉于太阳，涓流助深于巨壑。臣之志也，敢不上闻。

# 附录二 何劭《王弼传》

《三国志·魏书·钟会传》

弼幼而察惠，年十余，好老氏，通辩能言。父业，为尚书郎。时裴徽为吏部郎，弼未弱冠，往造焉。徽一见而异之，问弼曰："夫无者诚万物之所资也，然圣人莫肯致言，而老子申之无已者何？"弼曰："圣人体无，无又不可以训，故不说也；老子是有者也，故恒言无所不足。"寻亦为傅嘏所知。于时何晏为吏部尚书，甚奇弼，叹之曰："仲尼称后生可畏，若斯人者，可与言天人之际乎？"正始中，黄门侍郎累缺，晏既用贾充、裴秀、朱整，又议用弼。时丁谧与晏争衡，致高邑王黎于曹爽，爽用黎，于是以弼补台郎。初除，觐爽，请间，爽为屏左右。而弼与论道移时，无所他及，爽以此嗤之。时爽专朝政，党与共相进用，弼通俊不治名高。寻黎无几时病亡，爽用王沈代黎，弼遂不得在门下。晏为之叹恨。弼在台既浅，事功亦雅非所长，益不留意焉。淮南人刘陶善论纵横，为当时所称，每与弼语，尝屈弼。弼天才卓出，当其所得，莫能夺也。性和理，乐游宴，解音律，善投壶。其论道，附会文辞不如何晏，自然有所拔得多晏也。颇以所长笑人，故时为士君子所疾。弼与钟会善，会论议以校练为家，然每服弼之高致。何晏以为圣人无喜怒哀乐，其论甚精，钟会等述之。弼与不同，以为圣人茂于人者神明也；同于人者五情也。神明茂，故能体冲和以通无；五情同，故不能无哀乐以应物。然则圣人之情应物而无累于物者也。今以其无累，便谓不复应物，失之多矣。弼注《易》，颍川人荀融难弼"大衍义"，弼答其意，白书以戏之曰："夫明足以寻极幽微，而不能去自然之性。颜子之量，孔父之所预在，然遇之不能无乐，丧之不能无哀。又常狭斯人，以为未能以情从理者也。而今乃知自然之不可革。足下之量，虽已定乎胸怀之内，然而隔逾旬朔，何其相思之多乎？故知尼父之于颜子，可以无大过矣。"弼注《老子》，为之《指略》，致有理统；著《道略论》，注《易》，往往有高丽言。太原王济好谈，病老、庄，尝云："见弼《易》注，所悟者多。"然弼为人浅而不识物情，初与王黎、荀融善，黎夺其黄门郎，于是恨黎，与融亦不终。正始十年，曹爽废，以公事免。其秋遇疠疾亡，时年二十四，无子绝嗣。弼之卒也，晋景王闻之，嗟叹者累日，其为高识所惜如此。

# 主要参考文献

周易正义 （三国魏）王弼、（晋）韩康伯注 （唐）孔颖达疏 清阮元刻《十三经注疏》本，中华书局 1980 年版

经典释文 （唐）陆德明撰 黄焯断句 中华书局 1983 年版

周易集解纂疏 （清）李道平撰 潘雨廷点校 中华书局 1994 年版

后汉书 （南朝宋）范晔撰 （唐）李贤等注 中华书局 1965 年版

三国志 （晋）陈寿撰 （南朝宋）裴松之注 中华书局 1982 年版

世说新语笺疏 （南朝宋）刘义庆撰 （南朝梁）刘孝标注 余嘉锡笺疏 中华书局 2007 年版

文心雕龙义证 （南朝梁）刘勰撰 詹锳义证 上海古籍出版社 1989 年版

王弼集校释 （三国魏）王弼撰 楼宇烈校释 中华书局 1980 年版

王弼评传 王晓毅著 南京大学出版社 1996 年版

魏晋玄学论稿　汤用彤著　人民出版社 1957 年版

魏晋之清谈　范寿康著　商务印书馆 1936 年版

金明馆丛稿初编　陈寅恪著　上海古籍出版社 1980 年版

金明馆丛稿二编　陈寅恪著　上海古籍出版社 1980 年版

管锥编（第一册）　钱锺书著　中华书局 1979 年版

魏晋南北朝史论丛　唐长孺著　生活·读书·新知三联书店 1955 版

中国哲学史新编（中卷）　冯友兰著　人民出版社 1998 年版

郭象与魏晋玄学　汤一介著　北京大学出版社 2000 年版

魏晋玄学与文学　孔繁著　中国社会科学出版社 1987 年版

正始玄学　王葆玹著　齐鲁书社 1987 年版

魏晋玄学史　余敦康著　北京大学出版社 2004 年版

才性与玄理　牟宗三著　《牟宗三先生全集》　台北联经出版社 2003 年版

自然·名教·因果：东晋玄学论集　周大兴著　台北"中研院"中国文史哲研究所 2004 年版

玄学与魏晋士人心态　罗宗强著　浙江人民出版社 1991 年版

魏晋南北朝史论稿　万绳楠著　安徽教育出版社 1983 年版

经学教科书（易学教科书）　刘师培撰　《刘申叔先生遗书》　宁武南氏校印本 1936 年版

周易概论　刘大钧著　齐鲁书社 1986 年版

易学哲学史（第一卷）　朱伯崑著　华夏出版社 1995 年版

四库全书总目　（清）永瑢等撰　中华书局 1965 年版

两汉三国学案　（清）唐晏撰　吴东民点校　中华书局 1986 年版

汉晋学术编年　刘汝霖著　中华书局 1987 年版

中古文学系年　陆侃如著　人民文学出版社 1985 年版

# 《中华传统文化百部经典》已出版图书

| 书　名 | 解读人 | 出版时间 |
| --- | --- | --- |
| 周易 | 余敦康 | 2017 年 9 月 |
| 尚书 | 钱宗武 | 2017 年 9 月 |
| 诗经（节选） | 李　山 | 2017 年 9 月 |
| 论语 | 钱　逊 | 2017 年 9 月 |
| 孟子 | 梁　涛 | 2017 年 9 月 |
| 老子 | 王中江 | 2017 年 9 月 |
| 庄子 | 陈鼓应 | 2017 年 9 月 |
| 管子（节选） | 孙中原 | 2017 年 9 月 |
| 孙子兵法 | 黄朴民 | 2017 年 9 月 |
| 史记（节选） | 张大可 | 2017 年 9 月 |
| 传习录 | 吴　震 | 2018 年 11 月 |
| 墨子（节选） | 姜宝昌 | 2018 年 12 月 |
| 韩非子（节选） | 张　觉 | 2018 年 12 月 |
| 左传（节选） | 郭　丹 | 2018 年 12 月 |
| 吕氏春秋（节选） | 张双棣 | 2018 年 12 月 |
| 荀子（节选） | 廖名春 | 2019 年 6 月 |
| 楚辞 | 赵逵夫 | 2019 年 6 月 |
| 论衡（节选） | 邵毅平 | 2019 年 6 月 |
| 史通（节选） | 王嘉川 | 2019 年 6 月 |
| 贞观政要 | 谢保成 | 2019 年 6 月 |
| 战国策（节选） | 何　晋 | 2019 年 12 月 |
| 黄帝内经（节选） | 柳长华 | 2019 年 12 月 |
| 春秋繁露（节选） | 周桂钿 | 2019 年 12 月 |
| 九章算术 | 郭书春 | 2019 年 12 月 |
| 齐民要术（节选） | 惠富平 | 2019 年 12 月 |
| 杜甫集（节选） | 张忠纲 | 2019 年 12 月 |
| 韩愈集（节选） | 孙昌武 | 2019 年 12 月 |
| 王安石集（节选） | 刘成国 | 2019 年 12 月 |
| 西厢记 | 张燕瑾 | 2019 年 12 月 |

| 书　　名 | 解读人 | 出版时间 |
|---|---|---|
| 聊斋志异（节选） | 马瑞芳 | 2019 年 12 月 |
| 礼记（节选） | 郭齐勇 | 2020 年 12 月 |
| 国语（节选） | 沈长云 | 2020 年 12 月 |
| 抱朴子（节选） | 张松辉 | 2020 年 12 月 |
| 陶渊明集 | 袁行霈 | 2020 年 12 月 |
| 坛经 | 洪修平 | 2020 年 12 月 |
| 李白集（节选） | 郁贤皓 | 2020 年 12 月 |
| 柳宗元集（节选） | 尹占华 | 2020 年 12 月 |
| 辛弃疾集（节选） | 王兆鹏 | 2020 年 12 月 |
| 本草纲目（节选） | 张瑞贤 | 2020 年 12 月 |
| 曲律 | 叶长海 | 2020 年 12 月 |
| 孝经 | 汪受宽 | 2021 年 6 月 |
| 淮南子（节选） | 陈　静 | 2021 年 6 月 |
| 太平经（节选） | 罗　炽 | 2021 年 6 月 |
| 曹操集 | 刘运好 | 2021 年 6 月 |
| 世说新语（节选） | 王能宪 | 2021 年 6 月 |
| 欧阳修集（节选） | 洪本健 | 2021 年 6 月 |
| 梦溪笔谈（节选） | 张富祥 | 2021 年 6 月 |
| 牡丹亭 | 周育德 | 2021 年 6 月 |
| 日知录（节选） | 黄　珅 | 2021 年 6 月 |
| 儒林外史（节选） | 李汉秋 | 2021 年 6 月 |
| 商君书 | 蒋重跃 | 2022 年 6 月 |
| 新书 | 方向东 | 2022 年 6 月 |
| 伤寒论 | 刘力红 | 2022 年 6 月 |
| 水经注（节选） | 李晓杰 | 2022 年 6 月 |
| 王维集（节选） | 陈铁民 | 2022 年 6 月 |
| 元好问集（节选） | 狄宝心 | 2022 年 6 月 |
| 赵氏孤儿 | 董上德 | 2022 年 6 月 |
| 王祯农书（节选） | 孙显斌 | 2022 年 6 月 |
| 三国演义（节选） | 关四平 | 2022 年 6 月 |
| 文史通义（节选） | 陈其泰 | 2022 年 6 月 |

| 书　　名 | 解读人 | 出版时间 |
| --- | --- | --- |
| 汉书（节选） | 许殿才 | 2022 年 12 月 |
| 周易略例 | 王锦民 | 2022 年 12 月 |
| 后汉书（节选） | 王承略 | 2022 年 12 月 |
| 通典（节选） | 杜文玉 | 2022 年 12 月 |
| 资治通鉴（节选） | 张国刚 | 2022 年 12 月 |
| 张载集（节选） | 林乐昌 | 2022 年 12 月 |
| 苏轼集（节选） | 周裕锴 | 2022 年 12 月 |
| 陆游集（节选） | 欧明俊 | 2022 年 12 月 |
| 徐霞客游记（节选） | 赵伯陶 | 2022 年 12 月 |
| 桃花扇 | 谢雍君 | 2022 年 12 月 |